刘邦传

邱开杰◎编著

中国纺织出版社有限公司

内 容 提 要

他是中国历史上第一位“草根”皇帝，也是我国历史上首位将“招降纳叛”和“统一战线”军事战略运用得出神入化的皇帝，他还是中国第一位创作楚声短歌的皇帝，更是被人称作“流氓无赖”的皇帝——他就是汉高祖刘邦。他的成功是必然的还是偶然的？他夺取天下有什么策略？

本传记能解答这些疑问。传记采取诙谐幽默的语言，以汉高祖刘邦的一生为时间轴，将刘邦从混迹乡里到沛县起兵，再到登基称帝和建立大汉江山的过程清晰地展现在读者眼前，希望读者朋友们能喜欢，也期待读者能从中受到启迪，帮助自己成长。

图书在版编目（CIP）数据

刘邦传 / 邱开杰编著. --北京：中国纺织出版社有限公司，2022.6（2025.3重印）
ISBN 978-7-5180-9455-4

Ⅰ. ①刘… Ⅱ. ①邱… Ⅲ. ①汉高祖（前256–前195）—传记 Ⅳ. ①K827=341

中国版本图书馆CIP数据核字（2022）第052152号

责任编辑：闫　星　　责任校对：高　涵　　责任印制：储志伟

中国纺织出版社有限公司出版发行
地址：北京市朝阳区百子湾东里A407号楼　邮政编码：100124
销售电话：010—67004422　传真：010—87155801
http://www.c-textilep.com
中国纺织出版社天猫旗舰店
官方微博 http://weibo.com/2119887771
德富泰（唐山）印务有限公司印刷　各地新华书店经销
2022年6月第1版　2025年3月第5次印刷
开本：880×1230　1/32　印张：6
字数：96千字　定价：49.80元

前　言

刘邦是中国历史上第一位“草根”皇帝，他的成功曾经让当时许多人大跌眼镜，也让后世人讨论不已，这个混迹乡里、不学无术、蹭吃蹭喝的小混混，竟然在秦末大乱的天下中，与诸英雄豪杰争强斗胜，甚至打败了与自己实力悬殊巨大、骁勇善战且具备先天优势的项羽，逼得项羽因无颜再见江东父老而自刎乌江，这样一个不善作战的“泼皮无赖”，凭什么打败一代枭雄项羽？他是如何做到以弱胜强的？他又是如何成为“弱势大赢家”的？

学者们对此看法不一，有人说刘邦成功的原因是将厚黑学演绎得淋漓尽致，他们认为刘邦的成功就在于他脸皮够厚心够黑，比如两军相交，打得过就打，打不过就投诚；楚汉第一次交锋失败后他逃回沛县遇到自己的一对子女，因带了子女马车行进缓慢，几次三番将子女扔下车；再比如项羽活捉刘太公，欲烹了刘太公，刘邦竟然置若罔闻，还要“分一杯羹”；再比如，刘邦几次兵败后答应项羽永远臣服，却出尔反尔……

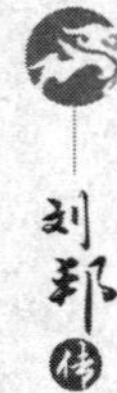

也有一些学者认为，刘邦之所以能够获得最终胜利，主要是因为刘邦知人善任，宁愿斗智而不斗勇。这正是刘邦能够从风云变化、群雄突起的时代里脱颖而出的原因。刘邦网罗的都是一流且忠诚于自己的人才，有萧何、曹参、樊哙、韩信、夏侯婴等人，这些人构成了刘邦的智囊团和先锋，能让刘邦一次次化险为夷，在最终的楚汉争霸中拔得头筹，也是刘邦能“笑到最后”的原因。

然而，刘邦称帝后却开始“高处不胜寒”，又畏惧这些功臣威胁到自己的统治地位，于是便有计划地铲除功臣，所谓“非刘氏而王者，天下共击之”的白马之盟，诠释了刘邦“家天下”的私欲。当刘邦与吕后开始屠戮功臣、以绝后患时，他人生的悲剧也开始了……在刘邦去世半年前，他曾衣锦还乡回到沛县，并唱了一首悲壮的《大风歌》：

大风起兮云飞扬，威加海内兮归故乡，安得猛士兮守四方……

这首《大风歌》的开头气势何等恢弘，第二句心情无比豪迈，结尾却语调悲凉，这大概就是刘邦对自己一生的感慨，纵使坐拥江山，依然悲从心中起，一是为自己杀害功臣名将使大汉江山前途迷茫而悲，二是为叱咤风云一生，最后孤独一人而悲。到最后连一个信任的人都没有，这不禁让人唏嘘。

本书以客观的态度、轻松活泼的语言，让读者朋友们看见刘邦迈向成功之路的关键，也可以探讨出刘邦走下坡路的原因，希望读者朋友们能够从中获益。

编著者

2022年3月

目　录

第一章 小小亭长，志在天下

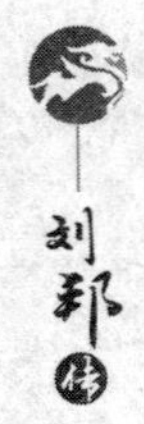

出任泗水亭亭长

公元前221年，秦王嬴政终于统一六国，建立起中国历史上第一个中央集权制的封建王朝——秦朝，大权来之不易，为了巩固统治，他下令颁布了一系列措施，比如书同文、车同轨、统一度量衡，又北击匈奴，南征百越，还收缴藏于民间的兵器将之铸造成为十二座铜人，更有焚书坑儒、推行法家思想的举措。

尽管秦始皇统一六国、功勋卓著，但同时他又横征暴敛、残酷至极，为了防止六国的残余势力对自己的新政权产生威胁，秦始皇采取了残酷的连坐制度。（连坐，是指中国古代或现代因他人犯罪而使与犯罪者有一定关系的人连带受刑的制度，又称相坐、随坐、从坐、缘坐。）

连坐制度，其实并不是秦始皇的首创，早在商鞅变法时就被提出，连坐法是在户籍制度的基础上实行的。法家认为，要使君主政权达到“至治”，必须使得夫妻交友不能相为弃恶盖非，而不害于亲，民人不能相为隐。就是说，最亲

密的夫妻和朋友，也不能互相包庇，而要向政府检举揭发，使得任何“恶”与“非”都不能隐匿。只有这样，“其势难匿者，虽跖不为非焉”（《商君书·禁使篇》）。实行连坐法的目的，就是要使得人民互相保证，互相监视，互相揭发，一人有罪，数人连坐。这种连坐法主要实行于乡里的居民之中，五户人家或者十户人家被编成一个联保组织，告发有赏，包庇则重罚。

秦始皇使用这种方法果然立竿见影，政策一出，就有大批被揭发出的“犯人”，人人自危，就连在路上看见了熟识之人也不敢打招呼，生怕遭到飞来横祸。

除此之外，为了便于管控，秦始皇还听取了李斯的建议，实行郡县制，郡县制将地方行政级别由大至小分为是郡、县、乡、里、亭，最小的行政单位是亭，十里为一亭，设置亭长，管理地方治安、文书等工作。

在秦朝的泗水郡（今天江苏省徐州、淮安、邳州以及安徽省凤阳、苏州、泗州一带）沛县的一个小村——中阳里，村中的村民正在为推荐一位合适的亭长而发愁，因为亭长虽然是地方基层官员，但是却手握“什伍连坐”的苛政裁判制度，虽然官小但掌控了别人的身家性命，这也就是村里人犯愁的原因——如果推选一个性子懦弱的人，上面安排的任务无法完成；性子强势的，难免会让村里人叫苦不迭。所以，

综合看下来，此人必须人缘好、能服众，至于能力，只要能说得过去就行，众人商议后发现，村中一户姓刘人家的三儿子刘邦可以算得上不二人选，此人三十来岁，身体结实，为人豪爽，能力相当。

公元前256年冬月二十四日，刘邦出生于沛县的一户农家，父母为刘太公和刘媪（野史记载名为：王含始），刘邦有两位哥哥、一位姐姐和一个弟弟（《史记》记载：大哥刘伯；二哥刘仲，汉朝建立后改名刘喜；四弟刘交。）刘邦为老三，故名字为季，人称刘季。

根据正史所载：刘邦未出生之前，刘媪曾经在大泽的岸边休息，梦中与神交合。当时雷鸣电闪，天昏地暗，太公正好前去看她，见到有蛟龙在她身上。不久，刘媪有了身孕，生下了刘邦。

刘邦外貌隆准，美须髯，面呈龙相，左腿上还有72颗黑痣。年少时的刘邦性格豪爽，却不喜欢读书，为人豁达，不喜农事，只贪恋饮酒。其父太公训斥其为“无赖”，并说他不如哥哥，但刘邦还是我行我素。

据说刘邦特别钟爱在一家酒店喝酒。每天下午就去那喝酒，又没有钱，怎么办呢？赊。可是赊了也要还的，只不过刘邦有天命。那家酒店的两个女掌柜发现，只要刘邦来喝酒，那天喝酒的人就特别多。一年算下来，还赚了不少，便一下子把白条撕了。

刘邦好结友，十里八乡的壮士豪杰都与他交情不错，其中有读书人，也有市井小贩，他们都喜欢和待人宽厚、豪爽大方的刘邦交往，又因刘邦已过三十，比他们稍长几岁，故而称刘邦为大哥。

被村里人推荐当亭长，虽然只是名不见经传的小官，但相对于整日无所事事的他来说，也算是有个正经职业了，再者，他还需要经常押送犯人去外地，又能让他见见世面，于是，在得到大家的支持后，他很顺利地当上了泗水亭的亭长，这为他以后的人生开启了新的机遇之门。刘邦在做了泗水亭长后，和县府的官吏们混得很熟，在当地也小有名气。萧何、樊哙、任敖、卢绾、周勃、灌婴、夏侯婴、周苛和周昌等知交好友后来全部成为汉朝的开国功臣。

村里出了个亭长后，十里八乡的乡亲们都来道贺，但他们无论如何都不会想到，这个“小干部”刘邦日后居然大有作为——成为中国历史上的一代开国帝王。

娶妻吕雉

谈起刘邦的相貌，虽说不是貌比潘安，但也算仪表堂堂：天庭饱满，鼻梁高挺，还蓄着漂亮的胡须，在周围的村子里，也算是比上不足比下有余，但因为他不好农事，行为懒散，到了三十好几的年纪，也没有娶妻成家，不过，有位姓曹的女子，与他相交甚好，二人你来我往，有了露水姻缘，后来刘邦虽未娶她为妻，但二人育有一子，取名刘肥。刘邦带着刘肥过活，更不好成家立业了。

但刘邦自从当上了亭长后，似乎时来运转，就连婚姻大事也得到了解决。

一天，沛县来了一大户人家，人称吕公，据说是从山东而来，是沛县县令的好友，为了躲避仇家的纠缠不休，举家南迁江苏沛县。

作为县令的好友，远道而来，县中大小官员自然要前来道贺，要道贺自然不好空手而来，但刘邦这个泗水亭亭长，就是“反其道而行之”，他来道贺，没准备丝毫礼金。

宴会当天，大小官员怀揣礼金，前来赴宴，因为赴宴的人太多，堂上容纳不下，于是临时归档：礼金不足千金的，就委屈点坐堂下。在这帮前来道贺的人中就有刘邦，因为出任泗水亭亭长，他和同僚们关系也很好，虽然不喜欢这种场合，但是也来了。当他听到坐在哪里要按照所赠送的礼金来决定时，心中不悦，于是故意在自己的道贺卡上写上："贺钱一万。"然后大摇大摆地进了堂上，只见堂上的小厮报："泗水亭亭长刘邦贺钱一万"，顿时满堂皆惊，大家心想，刘邦出手怎么这么阔绰，他怎么可能有这么多钱？因为大家都深知刘邦的财务状况，但吕公初来沛县，并不知情，只说："哪位朋友如此慷慨？"此时刘邦已经走到堂上，吕公正好迎面赶上，看到刘邦的相貌，顿时感叹："此人相貌堂堂，有帝王贵胄之气，日后必定大有作为。"心想着，便将刘邦迎到自己身边坐下。

刘邦倒也不扭捏，顺势坐在了吕公旁边，还与同桌的宾朋推杯换盏起来。主持此事的萧何怕刘邦闹出笑话，便提醒吕公："刘邦此人喜欢说点大话，不成气候，大家见笑。"但吕公似乎根本听不进去萧何说了什么，与刘邦相谈甚欢，刘邦喝酒也喝得越发起劲，甚至还与在场的客人打成一片。

宴会散场后，吕公悄悄留下了刘邦，他对刘邦说："我

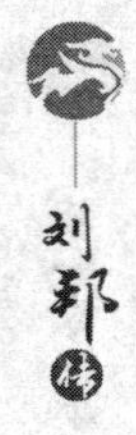

自幼跟人学习面相，也略懂一二，我给很多人看过相，但论你的相貌，无人能及，希望你能好自珍惜。”稍后，他缓缓地说：“我有一个女儿，愿意许配给你，不知你意下如何？”刘邦听到后喜不自胜，这是天大的好事，没想到，随意参加一个宴会竟然还获得了一段姻缘。

这一消息很快就传开了，整个县的人都震惊不已，这个吕公到底想的是什么？这么好的大家闺秀为什么要下嫁给刘邦呢？就连吕公的妻子也急得跳脚：“你说，以咱们家的条件，再加上你和县令老爷的关系，给我们家闺女谋个好姻缘不是轻而易举的事吗，为什么要便宜刘邦那个穷酸小子呢？”吕公反驳说：“你个妇道人家懂什么？”其实，吕公赌的就是刘邦的相貌和一个他认为光明的未来，只要赌对了，他将会富贵荣华享用不尽。

然而，吕公的女儿吕雉听到这个消息后不禁伤感起来，因为她听说这个刘邦比自己大十几岁，且名声不好，大家都知道他以前游手好闲、不务正业，还爱喝酒，但父母之命不可违，也许这就是自己的命运吧。或许她自己也想不到，自己会成为一代开国皇帝的皇后——吕后。

刘邦和吕雉的婚事并没有多少波折，尽管是吕公单方面提出的，但对于儿子已经三十好几的刘家人来说，更是喜出望外，刘家为他们举办了体面的婚礼，吕雉就这样成为了刘

邦的妻子、刘家的小儿媳，吕雉是个贤惠的女人，不仅要侍奉公婆，还要下地干活，更重要的是，她还要抚养刘邦和曹姓女子的儿子——刘肥，不过，正是因为吕雉这一贤内助，刘邦在日后的政治生涯中才如虎添翼。

吕雉是个典型的强势的女子，自从他和刘邦成婚后，刘邦就从未从她身上讨到什么便宜，尤其是婚姻早期，家中的大小事一律是吕雉作主，吕雉为刘邦生下一子一女，女孩是鲁元公主，男孩是后来汉朝的第二代皇帝汉惠帝刘盈。而自认为捡到大便宜的刘邦，可能也未曾想到，他的这位吕夫人，后来实行外戚专权，差点抢了他的江山，不过，这都是后话。

年少轻狂的亭长也有大志向

“天下大事，必作于细”——这是众所周知的成大事的必备素养，但这一点与汉高祖刘邦似乎不沾边，虽然他后来开创一番事业，但是他早期任泗水亭亭长期间的所作所为确实让人一言难尽，这种事业的高度和个人行为方式上的巨大反差，似乎是我们认知的逻辑层次中不存在的，以至于直到今天，刘邦都没能摆脱被人们冠以“流氓皇帝”这类讽刺的字眼。

刘邦三十几岁才当上泗水亭亭长这一个名不见经传的小官，在这之前，他的行为我们暂且不论，就说他“当官”以后，依旧行为浪荡不羁。

他当上亭长以后有这样几件糗事：

欺侮同僚——刘邦在为官之前就是个“混世魔王”，身上“江湖气”十足，平时喜欢喝酒逗乐，完全没个正形，为官之后总该收敛点吧？实则不然，即便是和同僚、上级在一起，依然没大没小甚至经常调侃他们，让人哭笑不得。

知法犯法——秦末的亭长，虽然是个小官，但也有职责，首先自己要遵纪守法，然而刘邦自身却带头知法犯法，只要他想去做什么，兴趣上头的时候，才不管是不是当差时间，什么国法，完全抛掷脑后，久而久之，他这些“事迹”就被捅到了县里去。

不过，好在他有个兄弟萧何经常为他“殿后”，如果不是萧何暗中将这些弹劾他的信件压了下去，刘邦早就是阶下囚了，更别说以后打下大汉江山。

担当不足——刘邦还有个兄弟叫夏侯婴，夏侯婴这人很实在，又讲兄弟义气。坊间流传着这么一个故事：话说刘邦和夏侯婴刚认识不久，两人就饮酒舞剑，刘邦不小心用剑划伤了夏侯婴，周围的吃瓜群众将刘邦告上衙门。在那个时候，秦律严苛，用剑伤人，可是大罪，况且刘邦还是亭长，罪加一等。夏侯婴为了护住刘邦，无论衙役怎么严刑拷打，他都一口咬定这剑伤是他自个划伤的，最后衙役没有办法，只能放了刘邦，将夏侯婴关押几年。

这就是刘邦，用现在的话来说完全是一个不靠谱的人。

但即便如此，刘邦确实干了一番大事业，这就是为什么鲜有人对刘邦歌功颂德，因为从上述品质来看我们找不到他身上值得赞赏的地方。

我们在司马迁的《史记》的和班固的《汉书》中也只能

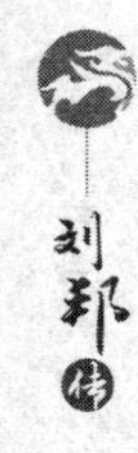

看到他们对刘邦的形容“好酒及色”。不过，这些小问题无伤大雅，因为他是个志向高远的人。这一点，从秦始皇出巡到沛县时他所说的就能知晓。

一次，他押送服劳役的人出差到秦国的首都咸阳，正好碰上秦始皇大队车马仪仗离京出巡。刘邦混在路旁远远围观的人群中，争着挤着向前探头。嗬！这威仪！这气派！看到了一国之君的奢华排场，这让刘邦有了自己人生的奋斗目标。

无比羡慕的他不禁慨叹：“嗟乎，大丈夫当如此也。”这句话的意思是：“哎呀！大丈夫就当如此啊！”脱口而出的一句话其实犯了大忌，但身边的路人也没在意，倒是刘邦自己，赶紧离开，以免招致祸患。不过这件事倒是为后世拿来评价刘邦心中有帝王气概的表现。

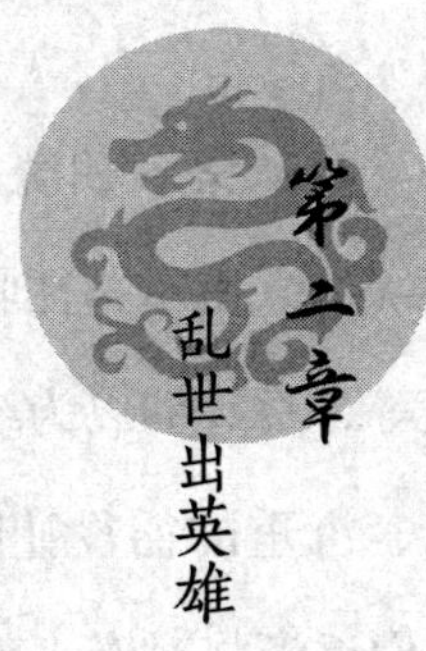

第二章 乱世出英雄

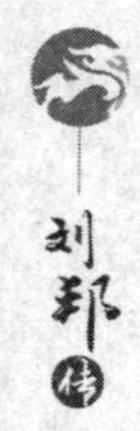

斩蛇起兵

自从秦王朝统一天下以来，秦始皇穷奢极欲、好大喜功、大兴土木、征收四方的人民去修建长城、阿房宫、骊山墓等，百姓们以为统一以后能过上好日子，谁知道，苛捐杂税、沉重的徭役让刚从战火中幸存下来的人民雪上加霜，人们逐渐将对秦王朝的期待变成了仇恨，但是人们敢怒不敢言，只能将仇恨的种子深深地埋藏在心里。

刘邦自从出任泗水亭亭长后，对这些糟糕的国情更是看在眼里，他每天都要接触这些被押解的犯人、流离失所的人民，他感受到大家的怨言，他甚至认为朝廷与百姓的关系正处于一触即发的地步。尤其是这几年，上级派遣他押送犯人去服徭役的次数越来越多，刘邦心里明白：苦役是一条不归路，劳动强度大、生存环节恶劣，很多鲜活的生命就此葬送了，另外，如果这些服徭役者耽搁时间或者逃逸，一旦被发现，也会遭到杀戮，一些人还因为饥饿或者疾病死在了路上，最后尸体被野兽啃噬，可以说，这条路就如同地狱，而自己就是送他们去地狱的恶魔，很多时候，他想辞官，但是自己一旦辞官，将面临和这些服徭役者一样的遭遇。

因此，刘邦心里也矛盾，不过他还是会经常去喝酒买醉，到了酒桌上，他和朋友们也都会聊起国事，也听到了酒肆里传出的关于天色要变的传闻，刘邦很相信这种传闻，只是一切需要静待时机。

很快，时机到了。

一次，刘邦奉命押送一批劳工去骊山为秦始皇修筑陵墓，和之前的每次押解工作一样，刘邦也是带着极大的抵触情绪上路的。一路上，反抗、拖延的人很多，队伍前进得很缓慢，因为大家都知道，这一行有去无回，要么被杀，要么饿死，与其等死，不如现在就逃跑，等到了骊山，有重兵把守，要逃跑更是不可能的事了，而现在路上人烟稀少，就算被发现了抓回来，大不了就是个死。于是在一群人如此撺掇下，大家都动了逃跑的念头。他们三个一群五个一伙，趁着夜色，纷纷逃命而去。就这样，队伍走了不到几日，大部分人已经逃了。

作为亭长，刘邦有押解服徭役者的职责，眼看着这些人都逃跑，刘邦内心五味杂陈，在过去，犯人逃跑是常有的事，只要逃跑的人不多，上级一般也是睁一只眼闭一只眼，但现在逃跑人数已过大半，而且剩下的人也有逃跑的趋势，怎么办呢？这样下去，到不了骊山人就跑完了，无法向上级交差，等待自己的也是牢狱之灾，看着面前剩下的一些人，再想想暴秦的恶行，刘邦终于下定决心……

当队伍行进到了芒砀山（今天河南省最东部的永城市）附近，刘邦终于下定决心。白天，他让队伍停下来休息，而自己则打开随身携带的酒壶，然后开怀畅饮起来，大家都不明白怎么回事。夜幕降临时，刘邦将所有人叫到了一起，然后解开了他们身上的绳索，当所有人都诧异的时候，刘邦缓缓地说："你们自由了，大家都逃命去吧，我也回不去了，从此我们各奔东西。"

大家都惊愕了，呆在原地半天没说话，好半晌才开口："刘大哥，我们逃跑了你怎么办？"

"先进山，躲几年再说。"其实刘邦自己也没想好退路，但是近几年落草为寇活下来的人不少，他心想自己这样做应该也可以。一些人感念刘邦的救命之恩，向刘邦磕了头、道了谢之后便逃命去了，还要十几位壮士见刘邦宽宏大度，豪爽义气，便愿意追随他，于是，这一行人向大山深处进发。

晚上，刘邦喝了不少酒，乘着酒兴继续赶路。月色苍茫，小径蜿蜒。在逃往芒砀山泽的小路上，走到前面的人忽然惊叫一声，忙回头向刘邦报告："前面有一大蛇挡道，请绕道而行吧！”刘邦醉意朦胧，朗声大笑道：“英雄豪气，所向披靡，区区一蛇，安敢挡吾道路？”说话间，拨开众人，仗剑前行，果见一巨蛇横卧路中，摇头摆尾。刘邦正欲用剑砍去，只听那白蛇道：“我乃帝天子，焉游四海，诛秦平后你我分天下。”

刘邦不允，白蛇道：“你斩吧，你斩我头，我乱你头，你斩我尾，我乱你尾。”刘邦酒壮英雄胆，说：“我不斩你头，也不断你尾，让你从中间一刀两断”。说罢一剑下去把白蛇斩为两段，顿时蛇血喷溅，染红了土地，至今这里长出的草还是红的。众人看到后不禁佩服刘邦的气魄。

刘邦斩蛇之后，继续前行，又行数里，酒劲上涌，醉卧道旁。

第二天早上，有人经过斩蛇之处，见一老妪痛哭不已，问道：“你为什么痛哭？”老妇人道：“我儿子被人杀了。”行人问道：“是谁杀的？”老妇人道：“我儿子本是白帝子，在此化蛇挡道本是向赤帝子讨封而来，却被赤帝子杀了。”老妇人说完就不见踪影。

这人来到刘邦一群人跟前，把他所见到的讲了一遍，刘邦听后内心大喜，认为自己就是赤帝子，更加坚定了反秦起义的决心。

就这样，刘邦带着这些半路结交的兄弟在山中落脚，刘

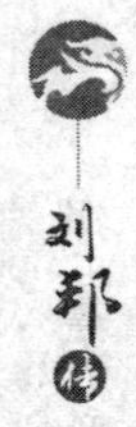

邦就从一个服务于朝廷的人成了官府逃犯，这一消息传到了沛县老家，刘邦的老父亲气得差点晕过去，而吕雉则并不惊讶，她认为，刘邦终于干了一件大事了。而沛县的父老乡亲们虽然明面上不敢提刘邦，但是私下里个个都对刘邦竖起大拇指，刘邦的人气和威望瞬间在百姓心中提升了，甚至有一些人还打算跟着刘邦去闯天下呢。沛县县令为此气急败坏，每每他派人去惩治刘家人，都被他的手下萧何和曹参等人拦下，但是他们没有想到，萧何和曹参等人都是刘邦的死党，心里更别提有多佩服他了，不过，也多亏了萧何等人的大力相助，刘邦的家人在那段时间里才免受官府的荼毒。

虽藏匿于山中，但刘邦过得也并不孤单，虽然经常有官府前来搜捕，但是他们在得到消息时就提前换一个地方，这样官府始终扑空了。并且，他所藏的芒砀山与沛县距离并不远，他的妻子吕雉和朋友都能找到他，家中情况他也自然知晓。奇怪的是，虽然官府找不到他，但是吕雉却能找到，一次刘邦问缘由，吕雉说："说来也奇怪，你藏身的地方上方总有云雾缭绕。"刘邦一听，心里别提多高兴了，实际上，吕雉的这种说法秦始皇在第五次出巡时也曾听说——"东南有天子气"不过，刘邦完全不用担心自己的安危，因为在县府有他的内应——萧何等人，一旦有风吹草动，萧何等人都会前来通风报信。

陈胜吴广起义

为了逃避秦王朝官府的问责，刘邦一直躲在山里，就在这段时间内，百姓对秦王朝的积愤也已经达到了不可调和的地步。公元前209年，也就是秦二世胡亥登基的第二年，由陈胜、吴广领导的大规模农民起义就爆发了，这给暴秦的统治致命的一击。

公元前209年，阳城（今河南登封东南）的地方官派了两个军官，押送着九百名民夫到渔阳（今北京市密云西南）去防守。军官从这批壮丁当中挑了两个个子大、办事能干的人当屯长，叫他们管理其他的人。这两个人一个叫陈胜，字涉，阳城人，是个给人当长工的；一个叫吴广，阳夏人，是个贫苦农民。陈胜年轻时候，曾经和别人一起被雇用耕田，一次当他停止耕作走到田埂上休息时，感慨恼恨了好一会儿，说："假如谁将来富贵了，大家相互不要忘记了。"和他一起受雇佣的伙伴们笑着回答说："你是被雇给人家耕田的，哪能富贵呢？"陈胜叹息着说："嗟乎！燕雀安知

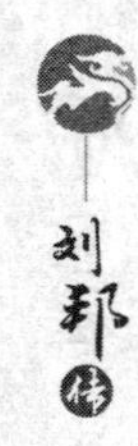

鸿鹄之志哉！”

七月，恰遇天下大雨，道路不通，他们估算已经误了到达渔阳规定的期限。过了规定的期限，按照法律规定是都该杀头的。

陈胜、吴广就商量说：“如今逃走也是死，起义干一番大事业也是死，同样都是死，为国事而死好不好？”陈胜说：“天下受秦王朝统治之苦已经很久了。我听说二世皇帝是始皇帝的小儿子，不应该他来继位，应该继位的是公子扶苏。扶苏因为屡次规劝始皇帝的缘故，始皇帝派他领兵在外地驻守。如今有人听说他并没有什么罪，却被二世皇帝杀害了。老百姓都听说他很贤德，不知道他已经死了。项燕原是楚国的将军，多次立功，爱护士兵，楚国人都很爱戴他。有的人以为他已经死了，有的人以为他逃亡在外躲藏了起来。现在如果我们冒用公子扶苏和项燕的名义，向天下人民发出起义的号召，应该会有很多人响应。”吴广认为很对。于是他就去占卜吉凶。占卜的人知道他们的意图，说道：“你们的事都能成，能够建功立业。然而你们向鬼神问过吉凶了吗？”

陈胜、吴广很高兴，揣摩占卜人所说向鬼神问吉凶的意思，说：“这是教我们先在众人中树立威望。”于是就用朱砂在一块白绸子上写了“陈胜王”三个字，塞进别人用网

捕来的鱼肚子里。戍卒买鱼回来煮着吃，发现了鱼肚中的帛书，对这事自然觉得很奇怪了。陈胜又暗中派吴广到驻地附近一草木丛生的古庙里，在夜里点燃起篝火，模仿狐狸的声音叫喊道："大楚兴，陈胜王。"戍卒们在深更半夜听到这种鸣叫声，都惊恐起来。第二天早晨，戍卒中议论纷纷，都指指点点地看着陈胜。

吴广一向关心别人，戍卒中很多人愿为他效劳出力。押送队伍的将尉喝醉了酒，吴广故意多次扬言要逃跑，以激怒将尉，惹他当众侮辱自己，借以激怒众人。那将尉果然鞭打吴广，将尉又拔出佩剑，吴广奋起夺剑杀死了将尉。陈胜帮助他，合力杀死了两个将尉。随即召集属下说："各位在这里遇上大雨，大家都误了期限，误期按规定要杀头。即使不被杀头，但将来戍边死去的肯定也得十之六七。再说大丈夫不死便罢，要死就要名扬后世，王侯将相宁有种乎？"属下的人听了都异口同声地说："我们心甘情愿地听凭差遣。"于是就假冒公子扶苏和楚将项燕的名义起义，以顺应民众的愿望。大家都露出右臂作为标志，号称大楚。他们又筑起高台来宣誓，用将尉的头作祭品。

陈胜任命自己做将军，吴广做都尉。首先进攻大泽乡，攻克后又攻打蕲县，蕲县攻克后，就派符离人葛婴率兵攻取蕲县以东的地方，一连进攻铚、酂、苦、柘、谯几个地方，

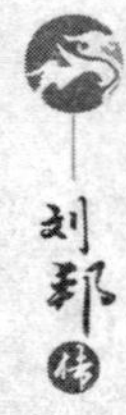

都攻克了。他们一面进军，一面不断补充兵员扩大队伍。等行进到了陈县的时候，已拥有兵车六七百辆，骑兵一千多，步卒好几万人。攻打陈县时，那里的郡守、县令正好都不在，只有留守的郡丞领兵与起义军在城门下作战。结果郡丞兵败身死，于是起义军就进入城中占领了陈县。过了几天，陈胜下令召集掌管教化的三老和地方豪杰都来开会议事。与会的人都说："将军您身披铠甲，手执锐利的武器，讨伐无道昏君，诛灭暴虐的秦王朝，重新建立了楚国的政权，论功劳应该称王。"陈涉于是自立为王，国号为张楚。

在这个时候，各个郡县受不了秦朝官吏暴政之苦的人，都聚集在一起抓捕官吏并宣判他们的罪状，把他们杀死来响应陈涉。于是就以吴广为代理王，督率各将领向西进攻荥阳。命令陈县人武臣、张耳、陈馀去攻占原来赵国的辖地，命令汝阴人邓宗攻占九江郡。这时候，楚地几千人聚集在一起的起义军，多得不计其数。

起义不到三个月，赵、齐、燕、魏等地方都有人打着恢复六国的旗号，自立为王。

陈胜派出周文率领的起义军向西进攻，很快攻进关中（指函谷关以西地区），逼近秦朝都城咸阳。秦二世惊慌失措，赶快派大将章邯（hán）把在骊山做苦役的囚犯、奴隶放了出来，编成一支军队，向起义军反扑。原来的六国贵族各自占据自己的地盘，谁也不去支援起义军。周文的起义军孤军作战，最终失败。吴广在荥阳被部下杀死。起义后的第六个月，陈胜在逃跑的路上被他的车夫庄贾设计杀害了。最后庄贾带着陈胜的首级去向秦军邀功请赏去了。

陈胜吴广起义虽然最后失败了，但是从根本上动摇了秦王朝统治，为尔后项羽、刘邦灭秦创造了有利条件，在中国农民战争史上占有重要地位，对后面的封建统治者也是一个极好的教育，汉初的休养生息政策和开明统治很大程度上是受农民起义的影响。

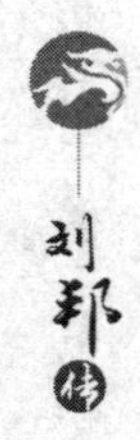

刘邦借势回沛县

随着陈胜吴广大泽乡起义带来的影响，百姓反秦的声音越来越响，不仅如此，一些朝廷官员的心思也开始活泛起来，其中就有沛县县令，他也知道反秦已经是大势所趋，与其坐以待毙，不如也和起义军一样“反攻倒算”，也许能在反秦运动中洗白自己甚至发点横财，然而，区区县衙，兵力薄弱，要想造反可不是容易的事，而且这几年，身为地方官的县令又未曾为人民做什么事，即使发动群众，也不可能起到一呼百应的效果，那么，怎么办呢？正为这事儿焦头烂额之际，他的左膀右臂萧何和曹参毫不犹豫地告诉他：“请刘邦回来协助您。”两个人不仅是刘邦的死党，也是聪明人，他们知道，这是将刘邦捞出来的大好机会，一旦刘邦从山里回来，他们就可以大干一场了，其实，这并不是二人假公济私，而是因为只有刘邦才有这样的号召力。

为此，曹参这样劝服县令：“老爷您是秦朝的官吏，

现在却要反秦，可以说是背弃秦朝，您想让沛县的百姓跟随您，恐怕并非容易的事，但也不是毫无办法，您可以找回那些在外流落和逃亡的豪杰英雄，这样能将百姓聚集起来，形成号召力。”这是个好办法，想要发动群众，就可以招来那些能够振臂一呼的有影响力的人，虽然县令也知道这样做有风险，但是他也找不到更好的方法了，他找来屠户樊哙，此人是一名屠户，与刘邦一直关系要好，他令樊哙进山寻找刘邦，不过当樊哙能轻松抓到自己找许久都抓不到的刘邦时，县令瞬间明白了其中的问题。

在收到樊哙的消息后，刘邦立即令人清点行囊，此时的他，已经接收了很多前来追随他的人，队伍人数已达百十来号。刘邦知道，自己等待已久的机会终于来了，虽然现在自己只是屈尊于县令手下，但是这个时间不会太久，想到这，他浑身充满了力量，星夜兼程赶到沛县，生怕事情再有什么变数。

然而，县令一个人静下来将此事左思右想，慢慢发现：“以刘邦现在在沛县的号召力，我将他从山中召回，岂不是引狼入室。”顿悟后，县令气得差点跳脚，原来是萧何和曹参给自己摆了一道，想到这，县令赶紧令人关上城门，并做好防御，只要刘邦等人敢进城立即拿下。同时，他也下令在城中捉拿萧何、曹参，抓到后立即处死。

这一点，在《史记》中有记载，当刘邦一行人兴冲冲赶往沛县城的时候，“沛令后悔，恐其有变，乃闭城城守，欲诛萧、曹”。可怜萧何、曹参二人，诚心诚意帮助县令出谋献策，做梦也想不到惹来杀身之祸。真是“长恨人心不如水，等闲平地起波澜”。大祸临头，总不能坐以待毙、束手就擒，要赶快逃走！可是，县城四门早已紧闭，搜捕的士兵穿行于大街小巷，二人插翅难逃，危在旦夕。惶恐之中，二人只好翻越城墙，坠绳而下，匆匆如漏网之鱼，急急如丧家之犬，前去投靠刘邦。再说刘邦，得到樊哙送来的消息后，立即召集手下的百十号人马，扬眉吐气、意气风发地往沛县开拔。行至中途，遇到狼狈不堪、惊慌失措的萧何、曹参，得知县令言而无信、出尔反尔，紧闭城门，拒绝刘邦入城。大家一致决定：一不做二不休，不如趁势起兵，拿下沛县县城！

此时刘邦的队伍已经有百十来号人了，但是缺乏兵器，如果与县令的队伍直接对战，未必有多少胜算，于是，在萧何等人的建议下，他运用自己在沛县的号召力，采用对百姓的心理战。在每支箭矢上绑了一封帛书，然后将箭矢射到沛县县城内。大家拿到箭，打开帛书一看，发现上面写的是：“秦王朝荒淫无度，百姓早就不堪忍受暴政，可是父老乡亲们还在为他们守城，秦王朝即将灭亡，起义军已经攻破

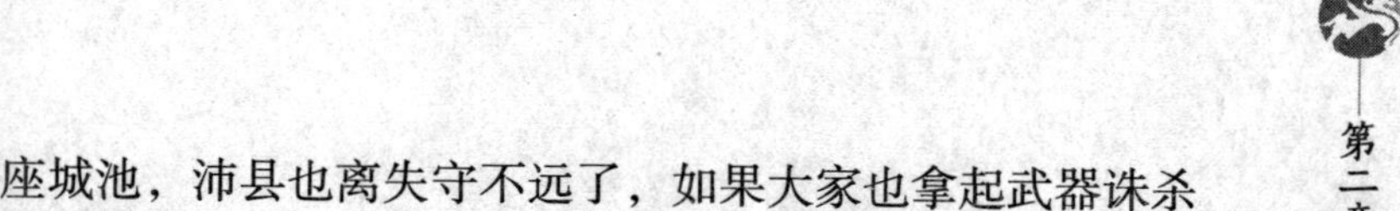

数座城池，沛县也离失守不远了，如果大家也拿起武器诛杀县令，并响应各路英雄，那么，大家就能相安无事、保住家人，如果执迷不悟，就会有无谓的牺牲，希望大家想清楚中间的利弊得失。”

本来沛县的老百姓就对刘邦曾放走服徭役者而对他心存敬仰，如今再看到帛书上说的这些内容，谁还能无动于衷，再看看那个毫无建树、坑害百姓的县令，大家心中自然有答案了，于是，刘邦一呼百应，百姓很快反攻县府，乱棍打死了县令。

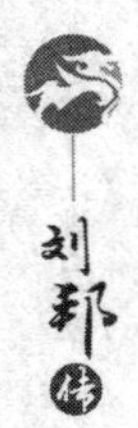

沛公出山

沛县的百姓在乱棍打死了县令后，开城门迎刘邦，在这些百姓的心中，刘邦就是能给自己带来新命运的英雄，因此，大家一致推举刘邦为首领，领导沛县人民继续起兵反秦，其实，这本就是水到渠成的事，但此时，刘邦却以退为进，告诉众人，如今天下大乱，各路诸侯都纷纷起义，有能耐的人很多，而自己恐难当大任，不能保全父老乡亲们的性命安危。

这一招用得妙，其实，刘邦心里清楚，现在情势下，造反这个事，只有自己敢出头。那么，为什么别无二选呢?

对此史记里做了交代，首先，“萧曹等皆文吏，自爱，恐事不就，后秦种族其家，尽让刘季”，这里说萧何跟曹参等人都是文职出身，都比较洁身自爱，考虑的东西也复杂些，担心万一事情不成功，以后是要被灭族的，所以都不敢带这个头，要知道当时陈胜吴广的起义也刚开始不久，全国各地虽然到处都有人起兵响应，但结局如何谁都不知道，

能成功固然好，但是万一失败了，造反这种事无论搁在哪朝哪代，那都是杀头诛九族的事，都是脑袋别在裤腰带上的勾当，这种事能有人当领头羊最好让别人去当，所谓枪打出头鸟，出头的椽子先烂，让刘邦当这个领导，事若成了，自己的荣华富贵少不了，事若不成，秦国首先要诛杀的也是像刘邦这样的带头人。

最后史记里讲："刘季数让，众莫敢为"，"众莫敢为"这四个字很有意思，非常生动地说出了当时其他人的心理，说白了就是大家都不敢当这个出头的椽子，接这个烫手的山芋。所以哪怕刘邦再三谦让，大家也都不敢当这个县令，于是刘邦就当仁不让，当上了沛县的县令，被沛县百姓尊称为"沛公"，此时的刘邦已经四十有八了，可谓是大器晚成。刘邦当上县令之后，开始了自己的反秦之路，经过几年的征战，最后终于在垓下击败项羽，夺得天下，成为了中国历史上第一位以平民身份登上天子之位的人。

刘邦和他的布衣兄弟们

刘邦在建立大汉江山这条路上，有很多开国元勋，实际上，这些人的出身都和刘邦一样——一介布衣，要么是县府小吏，要么是市井小贩，但如果没有这些人的帮助，刘邦恐难成大业，从沛县起兵一路厥功至伟，他们见证了刘邦从一名小小的亭长到大汉天子，他们自己也成为汉王朝的开国元勋，成就了自己的一生。那么，他们都是哪些人呢，下面，我们一一介绍。

助刘邦成就大业的第一人，当数萧何，在刘邦经常“犯事”的岁月里，无不是萧何替其解决后患，他无疑是刘邦及其家人的恩人。萧何何许人也?

萧何，沛郡丰邑（今江苏省丰县）人，自幼聪明好学、饱读诗书，思维机敏，对历代律令颇有研究。萧何生性勤俭节约，从不奢侈浪费。性格随和，很善于识人，结交了许多好朋友。其中有泗水亭长刘邦，屠夫樊哙，狱掾曹参，车夫夏侯婴，还有吹鼓手周勃（名将周亚夫的父亲），由于他们

年龄相近，性格相同，不久便成了莫逆之交。尤其是对刘邦，感情更不一般。他见刘邦器宇轩昂，风骨不凡，谈吐也有别于众人，是大贵之相，所以对他格外佩服，并曾多次利用职权暗中袒护他。

在刘邦初次起兵沛县、西进灭秦乃至巩固汉室的路上，萧何都起到了举足轻重的作用。

萧何天生具备王佐之才，管家天赋。且性格内敛、自持、严谨、周密，再说萧何为相后，正是他的性格、思维，使他能够平安度过风云变幻的政治生涯，做到了“位冠群臣，声施于后”，最终寿终正寝。

从某种程度上说，萧何是中国古今贤相第一人，两千多年来，多少能人死于帝王促狭的刀下，无数贤臣都被后人发现了隐藏极深的“小问题”来。至今，我们却无法找到萧何身上一星半点的瑕疵。他为官恭谨勤勉，政绩卓著；居家清贫素朴，少有是非。人生仕途端庄清净至于此，臻于完美了。

其次是曹参。曹参，字敬伯，汉族，泗水沛是（今江苏沛县）人，西汉开国功臣，名将，是继萧何后的汉代第二位相国。秦二世元年（公元前209年），跟随刘邦在沛县起兵反秦，身经百战，屡建战功，攻下二国和一百二十二个县。刘邦称帝后，对有功之臣，论功行赏，曹参功居第

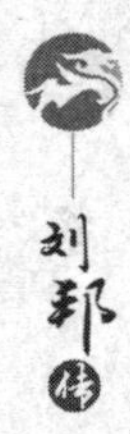

二，赐爵平阳侯，汉惠帝时官至丞相，一遵萧何约束，有“萧规曹随”之称。

老百姓作歌称颂曹参说：“萧何制定了法令，明确而又齐整；曹参取代萧何，谨守其规而未有变更，以清静之法处理政事，人民安宁不乱，其乐融融。”

《史记》作者司马迁对曹参这样评价：相国曹参攻城略地、野外作战的功绩之所以能有这么多，是因为他与淮阴侯韩信在一起。因而等到韩信被消灭，按各位诸侯成就的战功来封赏时，唯独曹参战功最卓著。曹参身为汉朝的相国，力主清静无为，最合乎治理国家的准则。而百姓们在遭受秦朝的严刑酷法后，是曹参给了他们休养生息的机会，所以天下的人都称赞曹参的美德。

再说樊哙。樊哙是西汉开国元勋，著名的军事统帅。他出身寒微，早年从事屠宰行业。后来跟随刘邦起兵，经历了反秦战争、楚汉争霸，最终协助刘邦定鼎天下。

刘邦好吃肉，也因为吃肉刘邦结识了樊哙这位屠狗的屠夫。刚开始的时候，刘邦每隔几天就会到樊哙的狗肉店中点一份狗肉来吃，最后他也会付账。来来往往几次之后，刘邦就和樊哙这个狗肉店的老板打好了关系。熟悉了之后，刘邦来吃狗肉就不给钱了，他开始一次又一次地赊账。对于狗肉店老板樊哙来说，刘邦这位客人就像是一个无底洞，一直吃

着霸王餐，一顿又一顿地欠着，不过一来二往，二人便称兄道弟起来。

樊哙是个讲义气的人，当初刘邦在放走秦朝的役卒躲进深山后，樊哙跑到山中投靠刘邦，成为刘邦的得力干将。后来，县令听了萧何和曹参的话，准备召刘邦回沛县，樊哙更是冒死通知刘邦，可见樊哙对刘邦的忠心。

大家认为樊哙屠户出身，又是战场上的一员骁将，所以在潜意识里就默认了这类人应该是有勇无谋，只适合在战场上冲锋陷阵，不适合当丞相治国理政。可事实上，历史上的樊哙却并非一个莽夫，这一点我们以后再论。

另外是周勃。周勃是沛郡丰县人，祖籍卷县（今属河南原阳县西南）。周勃以编织养蚕的器具为生，经常为有丧事的人家做吹鼓手，后来又做了拉强弓的勇士。周勃出身贫苦，定居沛县后，因距邑城较近，故青年时期以芦苇编织苇箔、蚕具营生，间或为人在婚丧嫁娶之时充当吹鼓手维持生计。但他自幼习武，弓马娴熟，孔武有力。“周勃，以材官（训练步兵的低级武官）从高祖，战功居多。高后时，勃与陈平议诛诸吕，迎代王即位，封绛侯。就国卒，谥武侯。”

周勃在县里做拉弓的武士时，认识了刘邦，刘邦的宽厚、热情、豪爽让周勃很是喜欢，在交往中二人成为好友，在刘邦从山里返回沛县时，周勃作为守城官兵为刘邦做内应，这才让刘邦很快拿下了沛县。

后来，周勃跟刘邦几乎参加了秦末汉初的所有军事行动，灭秦、征项羽、平定内乱、防御匈奴。周勃的作战特点表现为两种形式，分别是“冲锋”和“狙击”，在进攻下邑、啮桑、长社的时候，周勃首先登城，进攻槐里、好畤、咸阳、曲逆的时候，他荣立上等军功，以后又镇压燕王臧荼叛乱，镇压韩王信叛乱等。

最后，我们要说的是夏侯婴。夏侯婴一开始是腾令奉车，也就是刘邦的司机。

这个人十分的重要，因为刘邦用他当司机，就是把自己的性命都托付给他了，毕竟，司机是专门带着刘邦逃命的人。刘邦对于这样的人，绝对要做到十分的信任。而且任何时候，他都会像刘邦的影子一样，跟随在刘邦的左右。因此，夏侯婴对刘邦来说，也就更加重要了。

其实在刘邦当泗水亭长的时候，他就认识夏侯婴了，两个人的关系很铁，有一次，刘邦和夏侯婴喝酒，他们舞剑弄刀，刘邦把夏侯婴给伤到了，他们竟然被多事的百姓告到了官府。

那时候任何人都是不能玩刀剑的，因为秦朝的法律很苛刻，更何况刘邦和夏侯婴都是“公务员”，若真相查明为刘邦伤了夏侯婴，刘邦肯定会丢掉官职。

尽管狱卒对夏侯婴用尽了各种刑罚，但是，夏侯婴始终不说自己是被刘邦弄伤的，他一口咬死，说自己是不小心划伤的。后来狱卒没有办法，就把刘邦给放了，夏侯婴被关押，坐了几年的牢狱。

这就是赶车的夏侯婴，这样的夏侯婴当然值得刘邦信任了。后来我们都知道，刘邦和项羽争霸天下的时候，夏侯婴有几次救刘邦死里逃生的经历。

所以，没有夏侯婴的几次临时救驾，刘邦早就被项羽杀了好几回了。

刘邦的这些得力干将们都是来自社会底层的人，这些人身份卑微，要么是杀狗的，要么是赶车的，要么是吹葬的，但只有这样的人，生活在社会最底层的人，他们才有迫切需要改变命运的想法。若是有人能给他们一个机会，他们会像抓住一根救命稻草一般，牢牢地把它给抓住的。且这些人个个侠肝义胆，对刘邦忠心耿耿，这就是刘邦为何能够成就一番帝业的原因，还是那一句话说得好，时势造英雄。

起事后的首次挫折

沛县有了刘邦的号召，百姓也都蠢蠢欲动，越发反对暴秦统治了，大家纷纷加入刘邦的队伍，加上萧何、曹参、樊哙等人在沛县本身有一定的威望，被他们一鼓动，刘邦的队伍已经壮大到三千余人，这是刘邦没有想到的。人一多就需要官吏，于是，刘邦让萧何担任“丞”，负责督办公务，曹参和周勃为“中涓”，负责刘邦发布的日常杂务，樊哙为“舍人”，担任刘邦身边的副将，而夏侯婴，曾经刘邦欠了他一个大人情，于是刘邦给了他一个七大夫的爵位，还让他做了团队的“太仆”，不过他还是负责养马、驾车的工作，一到佣兵时，这些人都参与战斗。除了以上这些老朋友，刘邦还从沛县的乡亲中挑选了年轻力壮、有头脑的做武官，其中就有雍齿、周勃等人。

安排好一切后，刘邦便带领着他的三千士兵兴冲冲地去攻打隔壁胡陵、方与两县，但是结果并不理想，无奈，他只能退回到沛县，谁知道，刚退回来，就遭到秦朝派来的由泗

水郡郡守带领的官兵的围剿，当然，官兵人数不多，因为此时的秦朝已经没有多余的精力放在攻打沛县的这些小“反动势力”上，为了鼓舞士气，刘邦亲自带兵迎战，很快击退了官兵，首战告捷后，刘邦乘胜追击，他决定自己带队去攻打泗水郡的郡府薛县，而让武官出身的雍齿驻扎在丰邑，这又是一次胜利，薛县很快被拿下，而其中一个叫曹无伤的小兵还一刀砍了逃跑中的泗水郡的郡守，一开始就取得了如此好的成绩，让刘邦包括所有沛县百姓信心大增。

然而，他没想到的是，很快，他就遭到了第一次挫折。

秦末已经是天下大乱，起兵的不仅有劳苦大众，还有曾经的六国残余势力和原秦朝地方官员，他们也想在这样的滚滚洪流中分一杯羹，局面十分混乱，但无论如何，各路人马都有一个共同的敌人——秦王朝。

然而，即便大家认识到了这一点，也并未有什么合作，反而是钩心斗角，为了一点利益，甚至自相残杀，其中就有陈胜，他是各路起义军的领袖，然而，他居然对刘邦带的队伍下起了黑手，就在刘邦已经攻下沛县时，掌管几十万人马的陈胜居然以强凌弱，派大军直捣刘邦的沛县老巢而来。刘邦知道此事后气得破口大骂，然而，让他伤脑筋的一件事又来了，驻扎在丰邑的守城官雍齿竟然投降了敌军。现在他被大魏封为列侯，正带领着丰邑的老乡为大魏守卫丰邑城呢。

雍齿本来就看不起刘邦，当时在沛县一带，就知名度而言他并不比刘邦差。雍齿最敬重的人是沛县侠客王陵大哥，他私下和王陵一直都有来往。若是王陵让他守城他肯定不会叛变。周市率军包围丰邑后，派人前去劝降雍齿：“现在双方的实力差距一目了然，你若是缴械投降，我不但饶你一命，还会封你为侯，但如果你冥顽不灵，我军将会踏平此处。”其实他早就不想跟着刘邦了，新东家都主动邀请了，他果然马上缴械投降，并且，为了彰显自己的诚意，他还主动请缨继续担任丰邑的守城官。

他可以说是刘邦最信任的人之一，居然在这个时候造反，刘邦气不过，立刻回军进攻雍齿，但是却久攻不下，自己的兵都快打光了，而且自己也生病了，无奈只能退回到薛地。

养好病之后，刘邦就准备谋划下一步的发展，要知道，如今天下大势瞬息万变，哪有时间静养身体，周围那么多势力虎视眈眈，稍有差池，就有可能粉身碎骨，刘邦认为，无论如何都要攻下丰邑，不然自己难以咽下这口气，而且，丰邑也是自己的根据地，如果根据地被占据，后面的仗也无法再打。

就在刘邦一筹莫展之际，他想到了现在的楚王景驹，刘邦认为自己可以与他结盟，因为论实力，景驹的势力明显优

于自己，背靠大树好乘凉，于是，他决定向景驹称臣，让景驹协助自己，而景驹也是一个爽快之人，没有多想便给刘邦拨了几千兵马，但是刘邦带着自己的人还没有出去，又传来了一个坏消息，农民军起义军领袖——陈胜被秦军击败，现在生死不明。

要知道，陈胜是全国农民军的精神领袖，陈胜率领的起义军一路高歌猛进，连战告捷，让秦二世毫无还手之力，甚至一度打到秦国首都咸阳，而陈胜还令不下四支部队四处攻城略地，刘邦就曾吃过他的亏，然而秦二世起用了著名的将领章邯，对陈胜部队展开了疯狂的反扑，让起义军无法招架，结果两军局势慢慢发生逆转，秦军士气高涨，而陈胜的起义军则是连连战败，甚至还发生内讧，而起义军的另外一名将领——吴广则被杀死，起义军军心涣散，陈胜则带领起义军主力退守到陈县，然而却被章邯团团包围，起义军奋力拼杀，却是徒劳，最终全军覆没，陈胜则生死不明。

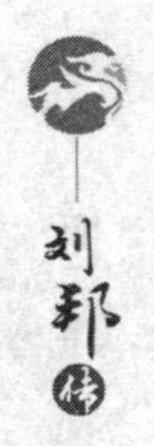

砀县之战，力挽狂澜

陈胜兵败后，有人传他已经被杀死，有人说他下落不明，但无论怎样，这一消息对于反秦的农民起义军来说都是致命的，对于刘邦来说，虽然陈胜曾在丰邑对刘邦军队做了不光彩的事，但刘邦依然深知陈胜的影响有多大，现在陈胜顷刻间“倒”了，起义军的旗帜也倒了，起义军少了精神领袖，更显彷徨了，下面的路该怎么走？

果然，糟糕的一幕发生了，陈胜的失败让原本热情高涨的起义形势顿时冷却下来，各路起义军纷纷开始偃旗息鼓，甚至还有倒戈投降的，越是退缩，秦军越是反扑，并且，秦军还以极其残忍的手段对付那些被抓的起义军，他们大部分人被屠杀，领袖们则被五马分尸，如此凄惨的下场让起义军势力不寒而栗，还没等他们缓过神来，章邯的部队已经朝他们一步步逼近了。

陈县很快失守，章邯随即派自己的副将司马夷继续东进，进而攻下了陈胜起义军余部占据的相县（今属安徽淮北

市相山区），并杀了全城的军民。再接下来，秦军驻扎在了砀县，并伺机消灭景驹，匆忙迎战的景驹哪是秦军的对手，战事一路吃紧。

生死存亡时，刘邦挺身而出，除此之外，他也没别的选择了，如果被杀，他的家人和朋友都会受到牵连，还不如拼死一搏。刘邦以前就藏匿于砀山之中，对此处的地势颇为熟悉，因此，他赶紧收拢兵力聚集于此，再向砀县进攻，刘邦这一战可谓是浴血奋战，和他一起参战的曹参、樊哙等人也是奋力杀敌，经过三天的激战，他们以少胜多、拿下了砀县，让秦军落荒而逃。

秦军感到很诧异，起义军不是气数已尽了吗，怎么还有这样强的实力呢？这个刘邦又是什么人？

攻下砀县，对于刘邦乃至所有起义军，都是个振奋人心的好消息，而经过此事后的刘邦，也逐渐威名远播，不仅如此，刘邦还将战争中落败的秦军的降卒和招募的新兵一共六千余人收编在内，这下，刘邦的队伍已经壮大到九千余人了。

那么，接下来的刘邦是怎么打算的呢？按照刘邦的性格，他曾在丰邑遭雍齿背叛，他必须要拿回丰邑，不然难消心头之恨，但当他的大军到达丰邑城下时，这个不识时务的雍齿竟然将刘邦拒之门外。就在这段时间，可能令刘邦自己

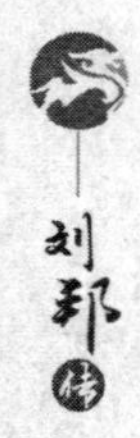

也没想到的是，楚国新帝景驹被杀，而杀死他的正是江东的另一路起义军首领项梁和项羽。

这两人刘邦倒是听过，但是这一事件让刘邦不禁对这二人有了新的看法……

八千子弟起江东

在秦末的各路农民起义队伍中，项梁和项羽率领的江东子弟也是无人不知无人不晓。项梁何许人也？项梁，姬姓，项氏，名梁，下相（今江苏宿迁）人。秦朝末年历史人物，楚国贵族后代，楚国名将项燕之子，西楚霸王项羽的叔父。项梁世代为楚国贵族，项梁之父项燕是名将，在秦灭楚的战争中被杀，其祖先项氏多人也是楚国将领。早期项梁因杀人，与侄子项羽（西楚霸王）避仇至吴中。项梁也是个生性豪爽、骁勇善战的人，在吴中威信颇高，贤士大夫皆人其下，当地的大事全由他出面主办。项梁利用这种条件暗中招兵买马，训练子弟。

我们再来说项羽。项羽本是楚国名将项燕的后代，从小和叔父项梁生活在一起。项梁教他识字写字，他没有学成就放弃了；又学习剑术，也没有学成。项梁很生气。项羽却说：“写字，能够用来记姓名就行了；剑术，也只能对付一个人，不值得学。我要学习能敌得过万人的本事。”于是项梁就教项羽兵法，项羽非常高兴，可是刚刚懂得了一点儿兵

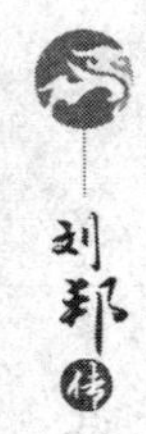

法的大意，又不肯学到结束。

项梁曾经因罪案受牵连，被栎阳县逮捕入狱，他就请蕲县狱掾曹咎写了说情信给栎阳狱掾司马欣，事情才得以了结。后来项梁又杀了人，为了躲避仇人，他和项羽一起逃到吴中郡。吴中郡有才能的士大夫，本事都比不上项梁。每当吴中郡有大规模的徭役或大的丧葬事宜时，项梁经常做主事人，并暗中用兵法部署组织宾客和青年，借此来了解他们的才能。

公元前210年，秦始皇进行最后一次巡游，当巡游部队经过会稽吴县时。引来了无数想要目睹天子真容的百姓观看，看着威望十足的秦始皇及其附属部队，百姓都不敢言语，然而人群中却有一个二十岁左右的青年说道："彼可以取而代之！"话音未落，就被旁边的一位中年人捂住嘴巴，并拉到隐蔽处。这个年轻人就是后世鼎鼎大名的西楚霸王项羽，而另一个中年人就是项羽的叔父项梁。

而其叔父除了教他写字外，还会教授部分军事方面的知识，项羽对领兵打仗之事颇感兴趣，期待日后可以带领军队建功立业。叔侄二人在旧楚地吴县生活，也在这个地方按照学习的兵法带领少部分人参与兵役之事，在这之中也锻炼了调兵遣将、冲锋陷阵的本领。

秦始皇驾崩后，胡亥即位，称秦二世。他推行残暴的治国政策，胡乱征缴百姓的财产，胡乱征兵，百姓苦不堪言。

面对这种暴政，陈胜、吴广率先在大泽乡起义，之后起义之火迅速在华夏大地蔓延开来。项梁、项羽叔侄二人觉得自己的时机已到，想暗地里讨论起义之事。

当时的郡守找到这叔侄二人，探听下这二人是否有起义的打算，想鼓动这二人和自己一起起义，并让他们做自己的将军。然而，项羽没等郡守说完，便拔剑砍杀了他，并将其头颅展示在衙役面前，官府中有愤怒的士兵冲向项羽，然而却都是白费力气，项羽将他们一个个全都降服。此时，项梁、项羽二人宣布正式起义，项梁为新的郡守，项羽为副将。同时在当地选拔了八千子弟兵作为正式起兵的常备军。

项梁、项羽组织带领这八千子弟兵渡过长江，一路上各地失败的义军将领、士兵等都加入到这叔侄二人的队伍中来，以至于没过多久，这支起义军迅速发展至数万人，军事实力得到明显的提升。

在当时的各路起义军中，项羽和项梁的八千子弟兵是较为训练有素的，这主要是因为项梁善于训练士兵，这是其他真正农民出身的队伍没有的素质，他们的实力发展很快，迅速成为各路起义军中的佼佼者。

陈胜在与秦末大将章邯大战于陈县时，陈胜军迟迟没有攻下，他的部下召平听说了江东项梁的部队后，他赶紧假传陈胜的命令："陈王拜你为上柱国（当时军队的最高将

领），如今江东已定，你们快率军攻打秦国。”接到这样的命令，项羽和项梁毫不迟疑地收编部队，带领他的八千子弟兵北渡长江，投入到中原的争夺战之中。

渡江之后的项梁与另一支起义军的首领陈婴联合，共同抗秦。这个陈婴是谁？

陈婴是东阳县人，担任东阳县令史。陈婴从小就注意加强道德品行的修养，为人一向诚信谨慎，在县里很有名望，因此被人称为敦厚长者。秦朝末年，天下大乱，东阳县的年轻人杀死县令，聚集数千人，想推选一位首领，但没有合适的人选，于是就请陈婴出山。陈婴借口没能力辞谢，于是大家强行推立陈婴为首领，县里跟从陈婴的有二万人。年轻人想拥立陈婴为王，用青巾裹头，命名为苍头军，以区别于其他军队。

陈婴的母亲是一位很有见识的女人，她对陈婴说：“自从我做你们陈家媳妇，就从未听说过你家祖先有过贵人。现在你突然得到这么大声望，不是吉祥事。不如找一个领头的，你做他的属下，事情成功还能封侯，事情失败容易逃亡，因为你不是当世被人注意的头面人物。”于是陈婴不敢称王。秦二世二年（公元前208年），陈婴对他的下属军官们说：“项氏世代为将，在楚国有名望。现在要举大事，将帅非这等人不可。我们依靠有大名的世族，一定可以消灭暴秦。”于是大家都听从他的话，把兵卒都归属项梁。项梁立熊心为楚怀王，陈婴任上柱国，封五县。

项梁死后，陈婴随项羽征战；项羽死后陈婴降汉。汉高祖六年（公元前201年）十二月甲申日，封堂邑侯。堂邑侯封地仅六百户，因为陈婴后来做楚元王丞相的关系，有所增加，到一千八百户。陈婴受封堂邑侯十八年后去世，谥号“安”。

陈婴后裔三代四次与皇室联姻，显赫一时：陈婴孙子陈午娶馆陶公主，曾孙女是汉武帝皇后，曾孙陈蟜娶隆虑公主，玄孙昭平君娶夷安公主，这都是后话，此处不论。

就这样，将士们都听从陈婴的建议，愿意投入到项梁的麾下，这样，两支队伍就合二为一了，项梁与项羽的兵力大增，大军先是渡过淮水，又陆续收编了几支其他的小部队，此时的队伍规模已经达到了六七万人，在当时的局面下，这支队伍的规模可谓是首屈一指了。

那么，这叔侄二人为何又要了景驹的性命呢？这是因为，他竟然敢自称为王，当然，项梁为此事找了一个很好的由头——景驹背叛陈胜自立为王。刘邦此时并不在景驹身边，而景驹身边都是些没用的虾兵蟹将，项梁取景驹性命简直是手到擒来的事。

在秦末，大鱼吃小鱼是司空见惯的事，项梁这样做无非也是如此，但是景驹死后，对于暂时拥立景驹的刘邦就再次陷入了迷茫中，接下来该何去何从呢？

军师张良

陷入迷茫的刘邦好不委屈，自己好不容易积攒了点实力，但却被项梁叔侄抢占了地盘，此时，要不和他们直接对垒，要么就如同上次一样称臣……

此时，账外传来一句："大丈夫能屈能伸，如今天下形势大变，暂居在项梁名下才是明智之举。"说此话的人正是刚加盟麾下的张良张子房，此人为"马厩将"，主要负责车马后勤方面的工作。

张良，出身于战国时期韩国的贵族世家，祖父张开地，连任韩国三朝宰相，父亲张平继任两朝宰相，即张家五世相韩。就如秦国的蒙武父子一样，如果说蒙武蒙恬是将军世家，那么，张良则为宰相世家。据说他家仅仆人就有三百之多，可见他家势力的强大。故史书上说的"尝学礼淮阳"就不足为奇了。而后张良因韩国灭亡而生家仇国恨，立志刺杀秦始皇："为韩报仇，以大父、父五世相韩故。"

张良为了刺杀秦始皇，亲人死掉都不埋葬，连家财都不

要。“弟死不葬，悉以家财求客刺秦”，张良在刺杀秦始皇这件事上表现了很大的决心。而且他不是一个冲动的人，他虽然下了这么大决心，还是没有决定自己去刺杀，因为他有自知之明，知道自己的力量弱小，所以求助于刺客，并且进行了充分的准备。

首先，张良找人打造了一个重达120斤的大铁锤，这么重的铁锤若击中秦始皇的车辇，必然能够一击毙命；其次，花重金请到了一位大力士，此人举百斤重物如手拈鸿毛，力大无穷，也只有这样神力的人，才能将重达120斤的大铁锤，投掷至行进中的车辇中；最后，命人四处打探秦始皇的东巡路线，选择合适的地理位置，合适的时机，以确保刺秦的成功进行。张良把刺秦地址选在了博浪沙（今河南省原阳县东郊），此处的地理位置优越，路面沙丘起伏，秦始皇的车队的速度就会降低，便于伏击。博浪沙的北面是黄河，南面是官渡河，芦苇丛生，便于逃跑。

后来就是《史记》载：“东见仓海君，得力士，为铁椎重百二十斤。秦皇帝东游，良与客狙击秦皇帝博浪沙中，误中副车。”对于张良刺秦，诗人李白曾有诗感慨之：“子房未虎啸，破产不为家。沧海得壮士，椎秦博浪沙。”宋人胡宏也为此赞叹不已：“壮哉博浪沙，一击震天下。”明人陈仁锡更是赞张良此举令“宇宙生色！”这种评价，在当时来

说，并不过分，应当说是符合史实的。

张良出身名门，且聪慧过人，心思缜密，所以在刺杀秦王失败后依然活了下来，但是他依然需要一个契机出人头地，不过，上天似乎格外眷顾他，很快，他得到了一次磨炼心智的机会。

张良在下邳居住的时候，经常到民间去体察民情，看一下老百姓的生活状况。这一天张良无事可做，信步走到一座小桥上观风景。没有注意到一头白发，身穿布衣的老者慢慢走上桥来，当他经过张良的身边时，有意无意之间将鞋掉在桥下。然后很不客气地对张良说：“小伙子，下去给我把鞋捡上来！”张良感受到很纳闷，我与此人素不相识，他怎么能用这种口气跟我说话，这样做也太没道理了，继而转念一想：他反正这么大把年纪了，尊老敬老是读书人的美德，就劳动自己一回吧。

张良很快捡回了鞋，可谁料，他刚把鞋递与老人，老人又顺手将鞋丢进了河里，并再次让张良去捡。张良不厌其烦地捡鞋。

这样，一连三次，最后张良都把鞋恭恭敬敬捡了回来。老人满意地会心一笑，却坐了下来，把脚抬起来，对张良说：“给我穿上。”

鞋都给你捡了，再给你穿上也没什么关系，张良这么想

着，就恭敬地蹲下身子，把鞋给老者穿上。老者看到张良这么谦虚，很满意，穿上鞋以后，对张良笑了一下，一个字也没有说，起身走了。

由于老者的行为这么反常，张良开始觉得老者有什么地方与众不同，但又不能确定，就远远地在老者身后随行。走了一段路之后，老者转回身来，对张良说："孺子可教也，我老人家有心栽培你，五天之后，天明之时，这一个时候，你在这里等我。"

过了五天，天刚刚亮，张良依照约定出现在桥头上，没有想到，老者已经在那里等他了。

老者非常生气地对他说："与长者相约，你却来得这么晚，太没有礼貌了！五天后你再来吧。"

过了五天，鸡叫头遍，张良就急忙出门，赶到桥头，老者却比上一次到的时间还早，见到张良，他说生气地质问："你又来晚了，回去吧，再过五天再来！"张良暗自惭愧，什么话也说不出，惟惟诺诺地答应了。

又过了五天，张良根本不敢入睡，在深更半夜就来到桥头等老者。过了好大一会儿，老者姗姗而来，看到张良已到，就高兴地说："与老者相约，这样子就对了。"老者说完之后，拿出一本书对张良说："你要努力学习这一本书，如果能够掌握它，你将成为王者之师，十年内必有大成，可

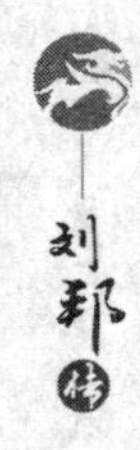

佐王兴国；十三年后，你到济北来看我。”说罢，转身而去。张良知道碰到了神仙，赶紧向老者行大礼。但转眼间，老者已经不见了。

天亮后，张良仔细翻看这本书，发现竟是《太公兵法》，这是姜子牙辅佐周王时的兵书。此后，张良辅佐刘邦，为他出谋划策，最后一统天下。

老者果乃神人，后来的事情完全都在他的意料之中。十年之后，陈胜吴广起义，天下大乱，早就蓄势待发的张良也加入到这股滚滚洪流之中，他在下邳招募了一百多名壮士，恰逢此时，楚国贵族景驹自立称王，张良就带领自己的人马投靠了他，在队伍行进的路中，他遇上了刘邦，二人一见如故，相交甚欢，此时的刘邦已经有几千人的队伍，但单单缺了张良这样精通兵法、心思缜密、性格稳重的军师，而张良也认为自己发现了真正的“得遇明王”，他曾多次将《太公兵法》讲给刘邦听，刘邦听得很认真，而且常常采纳张良的建议，但是张良在说给别人听时，很多人都听不懂，要么嗤之以鼻。因此张良决定追随刘邦。

自此，刘邦的团队可谓是如虎添翼，所向披靡。

项梁麾下为楚将

采纳了张良的建议后，刘邦很快拜会了项梁，并表明了自己的投靠之意，项梁早前就听说过刘邦的大名，尤其是砀县之战，更是让刘邦声名远播，但是真正吸引项梁的不是刘邦本人，而是他的九千人马，要知道，刘邦这九千人马都是精兵强将，还有萧何、张良、曹参等人的协助，而刘邦的要求很简单：希望项梁能助他攻下丰邑，所以，项梁毫不迟疑又给了刘邦五千人马和十个将领，这样，刘邦带着扩充后的队伍再次攻打丰邑，这一次，刘邦终于拿下了丰邑，这一口恶气终于出了。

很快，刘邦也见到了“传说”中的项羽，他从前听到的都是关于项羽的美誉，然而，当真正看到项羽后，他发现此人是个嗜杀且残忍的人，项梁派项羽攻打城池，但只要是遇到抵抗的守军，他就会在破城后全部斩首，这种极其残忍的手段令人不寒而栗。

不久，关于陈胜有了确切的消息——确实已经死了，

他是兵败之后被自己的车夫杀死的。此时，既然陈胜已死，那么，起义军就急需一位新的带头人，于是，在项梁的提议下，大家坐到了一起讨论此事。

其实，大家心里都清楚，最想坐上这把交椅的就是项梁，项梁本人也是有此打算，但是项梁身边也有一位谋士，那就是范增，范增告诉项梁：“将军不要急于争这个位子，要想服众，应该立一位楚国国君的后人来做这个王，当初秦灭六国，楚国是没有过错的，楚怀王被秦国的奸计骗入秦国而客死他乡，到现在，楚国人民还怀念他，而且秦国攻占楚国最为艰难，所以民间有：‘楚虽三户，亡秦必楚’（意思是哪怕楚国只剩下三户人家，最后灭掉秦国的也一定是楚国人），当初陈胜起义失败，也就是因为他自立为王，所以气数很快就尽了，如今你起兵江东，之所以有这么多人投靠你，就是因为将军家世世代代是楚国名将的原因，我认为将军也该找一位楚国国君后人为王，如此才能众望所归、聚拢民心。”

范增这一番话如当头一棒打醒了项梁，虽然民间传说的“楚虽三户，亡秦必楚”未必是真，但枪打出头鸟的道理他懂，于是，他采纳了范增的建议，派人到民间寻找失落的楚国王孙后代，最后找到了正在牧羊的楚怀王的孙子，名叫心（后人称为王孙心），项梁将王孙心在经过一番“捯饬”后，推荐给大家认识，大家对这位王孙心的身世持怀疑态度，不过既然是项梁推介的，大家也都接纳了，于是，在公元前208年六月，众人拥立王孙心为楚王，名号仍叫楚怀王，定都盱眙，项梁自封为武信君，其实，王孙心只不过是项梁的一颗棋子罢了，真正的实权仍然在项梁手里。

刘邦对这一形势看得很清楚：在新政权里，项梁掌控了绝对的话语权，而这位楚怀王也不是“省油的灯”——他也不甘心当傀儡，刘邦知道，二人之间早晚要撕破脸。于是，刘邦一方面追随项梁，军事上完全对项梁言听计从；另外一方面，在楚怀王面前，他表现出与项梁截然不同的态度，不是飞扬跋扈的一面，而是展现出自己忠厚老实的一面，如此，他成了楚怀王的知心好友。就这样，慢慢地，刘邦在这一新政权中扎稳了根基，这也为他日后打江山奠定了基础。

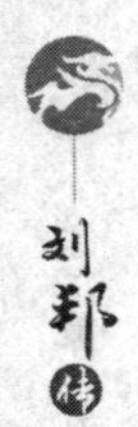

东阿之战

刘邦跟随项梁以后，虽然已无内忧，但外患却接连不断，秦军在章邯的带领下，消灭了北方很多的起义力量，士兵气势越来越高涨，而北方六国的王族后代和起义将领此时恢复了几个国家：包括齐国王族后裔田儋建立的齐国、赵国王族后裔赵歇恢复的赵国、起义将领韩广恢复的燕国、魏国王族后裔魏咎建立的魏国等，原本这些国家对秦军还有些牵制作用，但随着起义精神领袖陈胜军队的失败以及陈胜的死亡，这些原本就实力不足的国家纷纷成了待宰的羔羊。

章邯第一个要对付的就是魏国，势单力薄的魏王首先想到的是求助于其他国家，因为他知道，一旦魏国灭亡，其他各国也是唇亡齿寒，所以各方诸侯国纷纷派兵支援，楚国项梁派遣的是自家的族人项它带兵。齐国国君田儋则是亲自出马参战。相对于之前抗秦时各国互相贿赂秦国以求保命的状态，这次的场面着实慷慨，但即便各国组成了联军，依然不是秦军的对手，章邯命令秦军士兵白天佯装

撤退，夜里则每人嘴衔短棒，不声不响地夜袭联军，毫无准备的联军损失惨重，齐国国君田儋更是战死沙场。秦军很快包围了魏国都城，魏王魏咎见大势已去，决定用自己的性命换全城百姓的平安，秦答应了魏咎的条件，签署协议以后，魏咎自焚殉国，后人称魏咎是一名好国君，但可惜历史对他的评述太少。

陈胜已死、六国联军的惨败，魏国覆灭等，都让抗秦的局面再次跌入谷底。章邯在灭了魏国后，下一个目标就是齐国，如果齐国这次灭亡，那么，反秦势力就会迅速崩盘，因此，齐国能不能战胜，是有战略性意义的。此时，齐国田儋的弟弟田荣再一次向各国实力中最强的楚国求救，项梁在接到了田荣的求救后，决定亲自带兵出征，他必须要灭一灭秦国的嚣张气焰。

东阿之战，齐楚联军合战秦军，双方出动军队人数均不清楚，这一仗还是章邯的主力部队头一次遭遇失败，从章邯出关开始，已经打了八九个月的仗，军队亡失人数也是以十万计数，且战线拉得这么长，军队又分出去，大概还有补充给个别郡县的，章邯此时的军队或许还有三四十万，但在围攻东阿的战斗中，并没有全都带上场。齐国方面，田荣把自己的军队全用上了，或许有项梁军的半数。项梁方面，大概动用了全部的十余万军力。

这是项梁跟秦军主力第一次交锋，而田荣已经有过一次失败的经验了。东阿这一战，战斗过程不详，结果是项梁与田荣战胜了，章邯军队往西退到了三百里外的濮阳。项梁军又追赶秦军去了，项梁的兵力未必有战败的章邯军多，但从项梁起这个新楚国军与旧楚国军不一样。旧楚军尽管庞大，却总是被别人以少胜多，新楚军正相反，常常以少胜多把敌人打败。

东阿之战，可谓是打得精彩漂亮，刘邦因为得到了项梁的信任也参加了战斗，在战斗中，刘邦是第一次见识到项家军的威力，从中，他也学到了不少排兵布阵的方法，更让他诧异的是项羽的骁勇善战，在作战中，他一个人勇冠全军，经常一人单枪匹马杀入敌军军阵，这气势，能将秦军所有士兵压下去，此时，刘邦还不知道，就是这个比自己小的小将，在未来成为了自己最强的对手！

第三章 入关亡秦

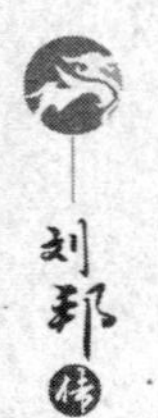

项梁之死

俗话说，兵无常势，没有永远的常胜将军，战场形势瞬息万变，经过东阿之战，秦军的嚣张气焰得到了抑制，原先摧枯拉朽的态势转变成了边战边退，反过来，楚军在经过这一战役后似乎重新看到了希望和曙光，项梁也是如有神助，先是取得了定陶之战的胜利，接着又派刘邦和项羽各带一路人马与秦军在雍丘大战一场。

雍丘一战，秦军主帅是三川郡郡守李由，这是一个劲敌，为此，刘邦与项羽打了一场合作战。项羽主攻，刘邦从一旁策应，这样猛烈的攻势让秦军难以招架。最后，李由战死，秦军大败。雍丘一战的胜利，让刘邦和项羽都很高兴，二人也是初次合作，且认识到了彼此的作战能力。

此时，项梁可谓是春风得意，他认为范增曾说的："亡秦必楚"，这说的不就是自己吗，而与日益膨胀的项梁相比，此时屡战屡败的章邯，心态上无疑要好很多，虽然经历了东阿、濮阳、城阳以及雍丘四场大败，但他并没有灰心

丧气，而是在失败中不断地吸取教训总结经验。当然，困守濮阳城的章邯并不是什么都没干。此时的他，一方面召集援军，保障后勤，另一方面他密切关注项梁方面的动静，准备抓住时机反败为胜，一举雪耻。

从表面上来看，在定陶之战前，章邯做足了文章，他率领秦军龟缩在濮阳城中，示敌以弱，以此来麻痹项梁。暗中却请求朝廷抽调正在河北攻击赵国的王离所部前来救援，章邯的目的便是，集中兵力，合力攻打日益骄横的楚军。

但是，项梁却日益轻敌起来，竟然将后背交给章邯，准备去定陶城，连续的胜利，也让项梁骄傲自大了。但是此时的楚军中，还是有明白人的，这个人就是项梁的部下宋义，宋义建议项梁：“战胜而将骄卒惰者败，今卒少惰矣，秦兵日益，臣为君畏之。”

宋义的这段话，说得还是挺委婉的，没有明确指出项梁大意，而是委婉地说楚军在连续胜利之后，将领骄傲，士卒惰慢。然后才警告项梁，说现在秦军的援兵，正源源不断地赶来，不能够掉以轻心。

不过这个时候的项梁，已经被连续的大胜冲昏了头脑，根本没把宋义的话当回事，为了避免宋义继续烦自己，便派遣宋义出使齐国，去与田荣、田横兄弟交涉出兵的事，毕竟，自从齐国内乱之后，齐国就没有出兵帮助楚国了。

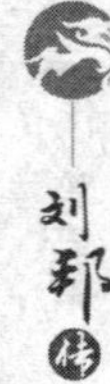

宋义前往齐国的路上，恰好碰见了齐国派往项梁军营的使者高陵君田显，在得知高陵君要去项梁军营后，他劝说道："我预见项梁肯定近日兵败。你如果慢行缓去，或可免于一死；如果快马加鞭去，肯定不免大祸。"

高陵君虽然将信将疑，但还是听从了宋义的建议，在路上放慢了行进速度。果然，在几天之后，项梁在定陶兵败身死的事就传了过来。因此，高陵君对宋义很是佩服，下面我们一起去看看这场定陶之战的经过。

就在秦二世二年（公元前208年）九月，大秦帝国调派来的几路援军和王离所部秘密到达了白马、濮阳一带，然后悄悄渡过黄河，成功地和章邯会合。随着援军的到来，章邯所部的气势随之大振。

而因为濮阳所处的位置优越，所以章邯的后勤补给是非常有保障的，而此时，章邯的兵力已经有了十多万了，所以，章邯觉得反击的时刻到了。于是，章邯率领秦军主力，从濮阳出发，急行军二百多里，直奔定陶城而去。

这天夜里，项梁的楚军主力已经对定陶城形成了合围，项梁万万也没有想到龟缩在濮阳城的章邯竟然敢率军突围。所以，毫无准备的项梁，便被突然出现的章邯所部包围了，此时，定陶城中的秦军，见到章邯进攻楚军，便也打开城门冲了出来。

就这样，项梁的部队被团团围住，楚军直接被秦军打得晕头转向，秦军趁此良机，直接把楚军杀了个血流成河。在这样的乱战之中，项梁纵然是铁打的也撑不下去，最终的结果便是楚军大败，秦军大胜，就连项梁也被击杀在了乱军之中。他的头颅也被章邯下令砍下，作为战利品悬挂在秦军的大戟上。

正所谓，骄兵必败，项梁在几番大胜之后，没有调整好自己的心态，而是日益骄傲起来，其部下的兵士见主帅如此，自然也是有样学样了。部队在这样的氛围中，难免就越来越轻视对手，加之此时的项梁本人，又不听从劝告，甚至将劝谏自己的宋义，派出去出使齐国了，这不就是求死之道么。笔者认为，与其说项梁败给了章邯，还不如说项梁输给了自己的骄傲情绪。

反观章邯，能够在战败之后，调整好心态，观察形势，做出正确的战略部署，最终取得这场定陶之战的胜利，其实并不会让人感到太意外。

就这样，项梁被乱箭射死，终于坠下马来，曾经叱咤秦末的反秦统帅项梁就这样死了。

项梁死后，局势逆转，他在反秦义军中的影响力不亚于当初陈胜，他的死讯传来，全国震惊，楚军丧失主帅，军心涣散，很多士兵潜逃。项羽突闻噩耗，大哭一场，刘邦也是

惴惴不安，他感叹的是时局动荡，更不知前途和未来在哪。二人连忙躲避敌锋撤退到国内，与此同时，王孙心也从盱眙被护送到彭城。

曾被项梁一手捧上王位的楚怀王王孙心是怎样看待项梁之死的呢？他确实不悲伤，甚至有种心中大石落了地的感觉，因为自从他被拥立为王以来，不过是项梁的傀儡，实际军权和政权一直在项梁手里，项梁死在秦军手里，反而让他觉得眼中钉被拨除了。

表面上，王孙心号啕大哭，并为项梁准备了一场隆重的葬礼，而背地里，他一边将军权分给刘邦（他将刘邦视为知己好友），分封刘邦为武安侯，统领楚军在砀县的兵力，以此削弱项家的权力，另一方面，他也不刺激项羽，因为现在全军上下，真正能在战争中扛大旗的还是项羽，他封项羽为长安侯，号鲁公，这样，楚国成了刘邦和项羽二人的舞台。

巨鹿之战

项梁死后，牧羊人出身的楚怀王利用时机，上演了一系列操作，这是没有成熟的政治经验根本难以做到的，足见其极具才能。第一步，也是最重要的一步，便是收回军权，由自己统领。当时楚军山头林立，如何区别对待，他都有深刻的考虑。

一天，楚怀王将全军文臣武将召集到一起，并宣示："先入定关中者王之。"意思就是谁能第一个攻入到秦军的都城咸阳城的，我就封他为王。在秦末，除了王孙贵胄有可能为王，平民百姓想要靠自己的力量分封疆土、自立为王，几乎是不可能的事。所以，楚怀王先给大家画一个大饼，这对于大家来说太有诱惑力了，但是谁也没认真，因为当时秦兵正盛，不过沛公刘邦当真了，而且还决定这样做。

秦军在杀死项梁后，也没有闲着，项梁的死让章邯感到无比畅快，但是他这次也犯了轻敌的毛病，认为项梁一死，楚军已不足为虑，于是，他决定率军先去攻打总爱给秦军"惹事"的赵国。赵国在听说自己成为秦军攻打的首要目标时，举国震惊和恐惧，赵王派兵到黄河边上阻止秦军继续北上，但对于势如破竹的秦军来说，这点抵抗简直是隔靴搔痒，脆弱的赵军很快败下阵来。秦军每攻下一座城池，就将百姓迁到秦国，然后将城池夷为平地，所以秦军所过之地，几乎寸草不生。赵王被打得毫无还手之力，只好与文臣武将龟缩在巨鹿城（今河北平乡），秦军则派名将王离将巨鹿城围得水泄不通，赵国进入生死存亡之际，无奈的赵国只好又求助于其他国家。

楚怀王也收到了求救函。这个时候的楚国，已经重新召回了在外的军队，退守到了彭城。楚怀王和手下群臣商议营救赵国的事情，大伙都觉得，全国起义军是一家，应该去救，接下来的问题就是，怎么救，谁去救?

最后，楚国决定兵分两路，一路大军以宋义为主帅，项羽为副将，去巨鹿救赵。另一路人马，以刘邦为统帅，直接向西奔咸阳方向而去，他们的任务主要是分散秦军的注意力，配合宋义、项羽的主力部队作战。为了鼓舞士气，两路大军约定好，只要打得顺利，就一鼓作气杀到咸阳，谁先进咸阳，就为关中王。

花开两朵各表一枝，咱们单说宋义、项羽这支军队，那是浩浩荡荡奔巨鹿而去。这个时候的赵王军队，已经要顶不住了，虽说燕齐两国的大军早就赶到了，可看到秦军那铺天盖地的军营，都吓得不敢往前凑，撤军又不好意思，只好离秦军远远的扎下营帐，那意思，只要见事不好，随时可能逃跑。

赵王现在只能指望楚国的军队了，可没成想，楚国也指望不上了，这是因为这个宋义将军当初在楚怀王面前，是完全靠自己的口才赢得了信任，现在真的上战场，哪有这个实力？

于是，宋义下令，诸位将士就在这里扎下营寨。

士兵们这一休息就是四十多天，这可急坏了总想为项梁报仇的项羽，他经常去询问主帅，什么时候能出发打仗？可宋义总是借口托辞，也就是所谓的时机未到。时间就这么一天一天地过去了，项羽的耐心也在一点点地耗尽。

有一天项羽有点上火了，他又去找宋义请命："主帅，所谓救兵如救火，现在赵王是危在旦夕，我们应该马上率兵渡过黄河，与赵王来个里应外合，肯定能一鼓作气打败秦军。"

谁知，宋义完全置若罔闻，然后对项羽不冷不淡地说："项将军，要说在战场上冲锋陷阵，我不如你，可要说出谋划策，你可比我差远了。"项羽听完，气不打一处来，但是暂时也没有想好对策，只好强压怒火，回了自己的营帐。

再说宋义，目送着项羽出营帐，他心里不免后怕，因为

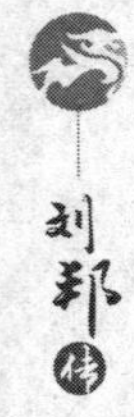

项羽是出了名的杀伐果断，而且心狠手辣，于是，他起草了一份军令，怕的就是事情生变，军令大致内容是：全军将士听令，当兵的打仗就要有个打仗的样子，上了战场就要像猛虎一样拼命，可在军队之中，大家都要服从主帅的命令，谁敢不从，提头来见！这份军令，摆明了就是冲着项羽来的，可宋义万万没有想到的是，项羽的耐心已经到了底线，他的这份军令彻底激怒了项羽。

过了几天，一大清早，宋义原本在营帐之中喝酒，突然，一个身影闯了进来，此人身材魁梧，全副武装。宋义吓得一哆嗦，酒杯一歪，酒洒了一大腿，他定睛一看，原来是项羽。还没等宋义发脾气，项羽就冲他喊了起来，主帅，我要马上起兵救赵！

宋义定了定神，这才缓过劲来，看到对自己兴师问罪的项羽，他猛地站起，然后一拍桌子，质问项羽为何不听军令，但话未说完，项羽一个箭步窜到近前，大吼一声，我要借你的人头当军令，说完挥起宝剑，宋义人头落地。

项羽拎着宋义的人头走出营帐，外面的人看项副将满身血迹，正觉得纳闷，再一看，他手里分明是主帅的人头，众人皆是大惊失色，不知如何是好。项羽心中早有准备，他不慌不忙站上一个高台，大声呼喊：“诸位，宋义是个懦夫，是个无能将军，我们本是听命前去救赵国，可是他贪生怕死不敢进军，楚王给我密旨，要我除掉宋义，带领大伙攻打秦军，解救赵国。”大伙看那项羽手提人头，凶神恶煞一般，再说，宋义平时对他们也没什么恩情，一个个也就表示，愿意听从项将军的指挥。

项羽当上主帅后，经过一番思考，把将士们召集到一起，宣布：“诸位，我们就要出发了，请大家带足三天的口粮，记住，只能带三天的，不要多带。然后，砸碎你们做饭的锅。”听完项羽的话，士兵们都认为项羽在疯言疯语，为什么要砸自己饭锅？

项羽看出了大伙的疑虑，继续说：“你们不要怀疑我的决定，我让你们只带三天的粮食，是为了让你们轻装上阵，快点赶去救赵国，砸碎锅，也是为了减轻你们的行军负担，三天之后，哪个想吃饭，就去章邯的大营里做吧！”

士兵们虽然还是不明就里，但是项羽已经下令，也不敢违抗他的命令。在新主帅的带领之下，楚军很快就渡过了河，刚一过河，主帅的新命令又下来了，砸沉所有的渡船，烧掉所有的行军帐篷。大伙一听就明白了，这是断了我们的退路了，不用问，问了项羽肯定要说，要想睡觉，就去章邯的大营睡吧。这回是彻底没有退路了，为了有地方吃饭、睡觉，我们只有拼命就是了。项羽就率领着这么一群抛弃了生死的士兵，向秦军发起了进攻。

虽说楚军个个抱着置之死地而后生的态度前来应战，但秦军亦如是，于是，双方军队就在巨鹿展开了激战，只见沙场之上，烟尘蔽日，杀声震天，昏天暗地，血流成河，双方足足打了九次。最后，拥有更凶残主帅的楚军占了上风，活捉了王离，杀死了秦将苏角，秦将涉间举火自焚，其他的秦军将士有被杀的，也有逃走的，围困巨鹿的秦军就这样瓦解了。

此时，楚军的雄威压倒了诸侯军，援救巨鹿的诸侯国的军队有营垒十多座，却都不敢发兵出击。待到楚军攻打秦军的时候，诸侯军的将领都在营垒上观战。见楚军士兵无不以一当十，喊杀声惊天动地，诸侯军人人都惊恐不已。这样打败了秦军后，项羽便召见诸侯军将领。这些将领们进入辕门时，没有一个不是跪着前行的，谁也不敢仰视。项羽从此成为诸侯军的上将军，各路诸侯都归他统帅了。

巨鹿之战是秦末农民战争所取得的一场巨大胜利。它基本上摧毁了秦军的主力，扭转了整个战局，奠定了反秦斗争胜利的基础。经此一战，秦朝已名存实亡。而项羽破釜沉舟，在各诸侯军龟缩于壁垒中时带头以楚军猛攻秦军，带动诸侯联军歼灭秦军主力，如此的战果令无数后世人对其充满了好奇与景仰。

明朝学者茅坤认为巨鹿之战是“项羽最得意之战，太史

公最得意之文”。

项羽在取得了巨鹿之战的胜利后，决定马上去“追赶”刘邦。刘邦一路顺风顺水，率军北攻昌邑、开封、下陈留（今开封陈留镇），与秦将杨熊会展于白马（今河南滑县东北，又战于曲遇，大破秦兵，随后，他南攻颍川（今河南禹州市境），北攻平阴，克定秦朝南阳郡，秦南阳郡守退守宛城（今河南南阳市）。

这是一场刘邦和项羽的咸阳争先赛，刘邦为了争取时间，本打算绕过宛城继续西进，但此时，张良告诉他："如果我们这次绕过宛城，那么，万一后面宛城的秦军从后面包抄，我们可就真的没有退路了呀。”听了张良的建议，刘邦决定攻下宛城，此时，死守宛城的南阳郡郡守见大势已去，赶紧差人去找刘邦请降："如果你能接受我的臣服，那么，我的军队都归你所有，但是你要保留我的职位，我一投降，其他城池也会相继投降的。”刘邦采纳了他的建议，随即写信给楚王，对这位南阳郡郡守加官晋爵。后来，果然如这位郡守所料，刘邦继续用这种政策，个个城池都开城门投降，沿途百姓也都夹道欢迎，刘邦觉得自己离目标越来越近了。

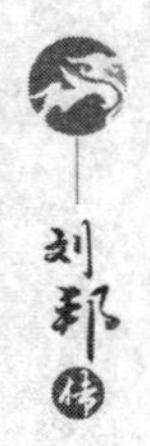

项羽、章邯城下之盟

项羽巨鹿之战的胜利、刘邦的节节胜利，除了战略战术上的成功，还有一个外在因素——秦的内乱。

秦二世登基以来，重用宦官赵高，昏庸无道，忠奸不分，宰相李斯也在赵高的设计下被害，赵高还蒙蔽秦二世，残害忠良，整个朝堂上乌烟瘴气，文臣武官人人自危，这种局面下，谁还有心思对付楚国大军呢？

当然，秦朝上下，苦苦支撑的还有大将章邯，对阴谋家赵高来说，章邯能打败义军，力保秦国不亡，可以让他继续为非作歹，这是好事。但秦军在巨鹿之战中大败，总得有人背黑锅吧？章邯自然是最合适的人选了。

战局不利，章邯派部将司马欣回咸阳告急，结果赵高不但根本不接见司马欣，反而派人要将他偷偷谋害。幸亏司马欣为人机警，得以逃脱，回到章邯军中。

至此，赵高要对章邯下黑手的阴谋，已经被章邯看透了。章邯的命运也基本确定，不管接下来是胜还是败，都难逃一死。蒙氏兄弟血淋淋的教训还在眼前，章邯不想死，更想挽救秦国。他万般无奈之下，做出了扶苏当年应该做出的正确决定：回军杀贼，自立为王。

但面对气势汹汹的项羽大军，要杀回秦国，必然要先和项羽讲和。但项羽却没有再给章邯机会，楚军向秦军发动了一波又一波的进攻。军心涣散的章邯军自然不是对手，接连战败。

大势已去的章邯，被迫和项羽签订城下之盟，与其说是讲和，不如说是投降。据说章邯见到项羽后，痛哭流涕，向项羽诉说赵高的恶行。项羽此时也故作大方，对杀叔之仇只字不提，还给了章邯一个“雍王”的空头支票。章邯哪里知道，这张空头支票后来虽然兑现了，却也成为了他的催命符！

项羽收编了章邯的二十万残兵，却在一夜之间把他们杀了个干净。章邯也在这一夜之间，从秦国的英雄变成了叛徒。

项羽率大军入函谷关，把秦国的老底翻了个干净。

章邯投降后，秦国最后一根稻草也轰然倒塌了，秦二世和赵高都认识到了这种糟糕的局势，秦二世如热锅上的蚂蚁，而赵高更是担心秦二世问罪于自己，在他兴师问罪之前就将胡亥杀死，然后拥立了秦始皇的小儿子子婴为新帝，不

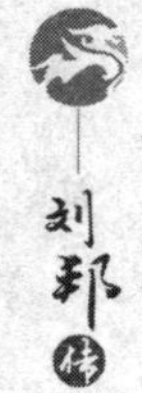

过赵高也没有想到，子婴一登基就设计害死自己，赵高的一生结束了。

秦国的气数已尽，只是，秦国会终结在谁的手里还未见分晓。

咸阳城约法三章

项羽在巨鹿之战中大获全胜和收编了章邯的大军后，气势高涨，“关中之王”他可谓是势在必得，咸阳也是一座对他来说毫不设防的城池了。而此时的刘邦，虽然劝降了很多城池，但是依然有几座城池不给他放行。看到项羽如此大好势头，刘邦又气又急，准备强攻。

张良从一旁劝刘邦：“秦兵尚强，不可轻敌，我们可以制造假象，在咸阳城外面的山上插上旗帜，让秦军误以为我军人数众多，然后派人去说服秦军守将投降。”

此计妙哉，刘邦便按计策行事。秦军守将看到秦帝国大势已去，欣然答应投降。刘邦本准备带兵进城，但此时，张良又献一计：“现在，只是秦军守将愿意投降，他部下的士兵未必同意，为保万无一失，我们可以趁对方松懈时来个突击。”这是一条万全之策，刘邦没有不同意的道理。果然，秦军士兵一时没明白，明明投降了为什么还被围攻，瞬间乱作一团，溃不成军。刘邦趁势迈过关口，

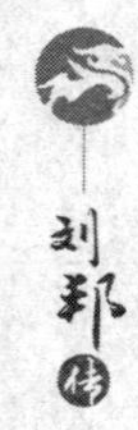

又在蓝田（今陕西蓝田县）击败最后一支反抗的秦军，现在，咸阳城就在眼前了。

刘邦将军队停驻在霸上（今陕西西安市东），然后派人给秦末代皇帝子婴写了一封信，子婴并未做殊死抵抗，而是愿意投降。于是，公元前206年，子婴率文武百官出咸阳城，白马、素车，在脖颈上系上丝绳、手捧玉玺，缓缓走到刘邦的马前，再跪拜在地，奉上玉玺，刘邦下马，双手接过。

对于刘邦来说，这是一个激动人心的时刻，而对于秦子婴来说，是一个屈辱性的时刻。秦始皇统一六国，叱咤风云，但仅仅维持了十五年；秦一统天下，但国君残暴至极，民不聊生。从陈胜、吴广开始，到项梁、项羽和刘邦，各路农民起义军前赴后继要亡秦，但他们也许无论如何也没想到，最后，秦国玉玺交付给的竟然是一个出身低微的泗水亭亭长——刘邦。当刘邦骑着高头大马率军进入咸阳城时，估计也是感慨万千，他赢了。

刘邦从一名小小的亭长到成功攻入咸阳城，推翻了暴秦的统治，只用了两三年的时间，天命之年的刘邦不禁感慨：两年时间太短，但自己却几经生死、几经磨难，好在现在胜利了。除了刘邦，就连当初追随他的那些草莽子兄弟都没想到当这一天真的来临时该做什么。

刘邦带着一众兄弟来到秦朝宫内后，发现地库了堆满了金银财宝，刘邦自是想占为己有，但是他想起张良和萧何曾经的劝诫，便止住了心思，只见此刻的张良也在愣神，想必是因为大仇得报、感慨万千吧。而萧何进城的第一件事就是将秦朝政府里有关天下人口户籍、山川形势等数据的图籍收集起来，因为这对于以后的发展大有用处。刘邦感叹，还是萧何理智，若不是萧何，自己也不能有今天。樊哙虽是屠户出身，但心中也有着家国大义。他对刘邦说："沛公是想拥有天下呢，还是想坐拥金银财宝？要知道，秦就是因为这些灭亡的。"回过神的张良也劝刘邦离开秦宫，回到霸上。采纳建议后，纵有万般不舍，刘邦也忍住了，命令士兵将宫中财物一律封存，然后率军退出咸阳。同时，为了取得民心，刘邦把关中各县父老、豪杰召集起来，郑重地向他们宣布：

"秦朝的严刑苛法把众位害苦了，应该全部废除。现在我和众位约定，不论是谁，都要遵守三条法律。这三条是：杀人者要处死，伤人者要抵罪，盗窃者也要判罪！"父老、豪杰们都表示拥护约法三章。

接着，刘邦又派出大批人员，到各县各乡去宣传约法三章。百姓们听了，都热烈拥护，纷纷取了牛羊酒食来慰劳刘邦的军队。由于坚决执行约法三章，刘邦得到了百姓的信任、拥护和支持，最后取得天下，建立了西汉王朝。

第四章 楚汉争霸

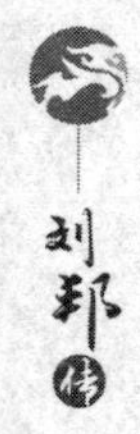

项羽攻破函谷关

刘邦在咸阳城安抚完百姓后，剩下的就是要进行军事部署了。虽然在咸阳争夺赛中，刘邦赢了，但是项羽并不甘心。要知道，论实力，项羽并不比刘邦差，项羽在巨鹿之战中打败秦军，又迫使章邯投降；而刘邦，不过是小小亭长出身，身边也只有一些草莽兄弟鞍前马后。项羽决定率几十万大军向咸阳西面的函谷关推进，丝毫没有表现出自己已经认输的意思。

函谷关为什么会成为楚汉争霸的第一站呢？

函谷关是我国历史上建置最早的雄关要塞之一，因关在谷中，深险如函，故称函谷关。这里曾是战马嘶鸣的古战场，素有“一夫当关，万夫莫开”之称。这里又是我国古代思想家、哲学家老子著述五千言《道德经》的地方。千百年来，众多海内外道家、道教人士都到这里朝圣祭祖。

函谷关位于河南省灵宝市北15公里处的王垛村，距三门峡市约75公里，地处“长安古道”，紧靠黄河岸边。函谷关

西据高原，东临绝涧，南接秦岭，北塞黄河，自古为兵家必争之地。周慎靓王三年，楚怀王举六国之师伐秦，秦依函谷天险，使六国军队“伏尸百万，流血漂橹”。秦王政六年，楚、赵、卫等五国军队犯秦，“至函谷，皆败走”。“安史之乱”的唐军与叛军的“桃林大战”，1944年中国军队与日本侵略军的“函谷关大战”，都是在这里进行的。当然，这些都是后话。

面对项羽的大军挺进，有人劝刘邦说：“天下财富皆聚集于咸阳，且咸阳城处地势要塞，易守难攻，之前章邯向项羽投降了，项羽还封了章邯为雍王，如果章邯真的来此，沛公在此处恐怕不能久留，当下沛公应该派重兵把守函谷关，不准诸侯军进入。”听完这些话，刘邦知道项羽已经开始跟自己叫板了，于是，他下令关闭函谷关。

项羽起初还不敢相信刘邦已经先自己一步进入咸阳城，等到消息确认后才怒从心起，决定即刻攻打函谷关。项羽本就善于排兵布阵，有勇有谋，刘邦在咸阳城的弱小兵力岂是他的对手，不到一个月的时间，函谷关就被项羽攻破了。

项羽与刘邦在兵力上相差很大，项羽本有40万雄师，但对外宣称自己有百万兵力，而刘邦只有10万兵力，则称有20万。这种实力差距在明眼人看来，高下立见，一些墙头草此

时就动摇了，其中就有刘邦的部下、左司马曹无伤。他听说项羽来攻城了，马上投诚项羽。

关于曹无伤，《史记·项羽本纪》中记载有：沛公左司马曹无伤使人言于项羽曰：“沛公欲王关中，使子婴为相，珍宝尽有之。”项羽大怒，曰：“旦日飨士卒，为击破沛公军！”……沛公旦日从百余骑来见项王，至鸿门，谢曰：“臣与将军戮力而攻秦，将军战河北，臣战河南，然不自意能先入关破秦，得复见将军于此。今者有小人之言，令将军与臣有隙。”项王曰：“此沛公左司马曹无伤言之；不然，籍何以至此？”……沛公至军，立诛杀曹无伤。

重义游侠项伯

刘邦于公元前206年攻入关中地区，秦王子婴投降。项羽过了接近一个月才率领大军到达函谷关，并在得悉刘邦已取得关中后攻陷此关。

据《史记》记载，曹无伤在刘邦决定会见项羽前，派人向项羽传话，说："沛公（刘邦）欲王关中，使子婴为相，珍宝尽有之。"项羽听后感到很愤怒，并在范增的劝说下决定进攻刘邦。

范增说："我听说刘邦入关以后，对咸阳城的财物分文不取，也不奸淫妇女。他素来贪财好色，如此自制，必定有着远大的志向，我派人去观望气势，发现刘邦所在的地方上空有龙虎五彩的气象，这就是帝王气。如今您有四十万大军驻扎于鸿门，刘邦只有十万兵力，此时不攻击刘邦，更待何时呢？"这一番话说动了项羽，项羽更加坚定了攻打刘邦的计划。

但项羽无论如何也没有想到，自己与范增的一番话被窗

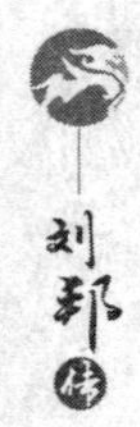

外的项伯听了去。项伯是谁呢？

项伯，名项缠，是项羽的叔叔。据《元和姓纂》和《大宋重修广韵》记载，项伯为周朝分封同宗姬姓项国后代。项伯早年行侠仗义，秦统治时期曾与张良有旧交情。他曾经因犯下杀人罪，跟随韩公子张良躲藏在下邳（今江苏睢宁西北），项梁在吴中起兵造反之时，项伯也跟随他参与这件事，后来又跟随项梁北上，拥立熊心为楚怀王，被任命为楚国左尹。秦二世三年，参与北伐援救赵国，后随项羽参加巨鹿之战，又跟随项羽占领函谷关。

那么，项伯与张良是怎么相识的呢？这要从张良偶遇老翁学习兵法开始说起，张良在得到《太公兵法》后，认真研读，夜以继日，偶尔读书累了，就一个人来到城外，眺望一下远处的风景，再仔细咀嚼兵书中的知识，体悟其中的道理。他也经常伫立桥头，也经常漫步街头，面对南来北往的行人，观察他们的言谈举止，猜测每个人的性情与才能，想象着日后如何驾驭此人为己所用。

张良住在下邳城，这里街头熙熙攘攘、好不热闹，人们有的在叫卖，有的在寒暄。如果有人在争执，张良不管什么原因，都会上前劝解。而只要他劝上几句，争执便立即停止，就这样张良的名声在下邳城渐渐被大家知晓了。

张良是个极其聪慧且知情达理、处事公道的人。同时，

他饱读诗书、见多识广，办法多。后来人们有什么难办的事，往往就主动去请他出主意，听到有什么消息，也愿意去告诉他。

一段时间内，张良发现，前来下邳城讨生活的人似乎越来越多了。原因很多，要么是家乡遇到了灾荒，要么是为了躲避徭役，要么是在家乡触犯了法律。当然，也有不少下邳人因为触及法律而逃到了外地。张良不禁思忖，难道这就是那位老翁说的“天下局势大变”的征兆吗？识时务者为俊杰。想到自己天天研读的《太公兵法》，这部兵法固然很宝贵，但绝不能困于书中了。

一天，张良和往常一样来到热闹的街上，忽见一大汉背着个行囊，急匆匆向他走来，说：“我从下邳（今江苏宿迁）到此投友，不巧朋友家门紧锁，我已经走了一天，口渴难耐，身上的盘缠又在路上花光了，您能给我口水喝吗？”

张良见那人举止不凡，不像个江湖骗子，也许真是遇到困难了，于是，他丝毫不犹豫，将那人领进住处。

那人跟随张良到了住处，仔细一看，发现此处是个并不大的小院，院里只有一间茅屋，屋中摆设也是简陋至极，再看茅屋中的床，窄小简单，那人判断，此人一定是独居于此，而那还摊开着的竹简，说明主人还是个读书人。他好奇地翻了一下，竟是《太公兵法》！“他一定不是一般俗

儒！”那人猜测。

二人互相攀谈，那人了解到张良也是不久前从外地到此处落脚的，那人似乎心里有了底数，也没有再问张良来此落脚的原因，就直言不讳地自我介绍说：“不瞒兄弟，我叫项伯，因杀了仇人，才从家乡逃出。兄弟如不嫌弃，就留我躲避几天，如怕受到连累，我就另寻避身之地。”

张良一听此人姓项，追问：“先生来自楚地，一定知道项将军吧？”

“不瞒兄弟您，项将军乃家父。”

张良听完那人的回答，激动地直拉起项伯的手说：“兄长只要不嫌寒舍简陋，但住无妨，剩下的交给我来处理。”

张良提到的项将军，就是楚国名将项燕。公元前224年，秦将王翦率六十万大军伐楚。项燕率领楚军，苦苦奋战两年，最后虽然兵败自杀，楚国也随即灭亡，但是他却成为六国爱国志士们敬仰的对象，其中也包括本就心怀亡国之恨的张良。张良认为，如果自己所在的韩国也有项燕那样的抗秦将领，绝不会那么快就亡国。各国都像项将军那样抗秦，秦王也不会那么快就一统天下。自己仰慕的项将军虽然长眠于九泉之下，但今天见到了将军之子，也颇感欣慰。

再说项伯见张良如此仗义，又对项将军的事如此关心，其中定有原因，二人在交谈中互相交了底，项伯才知道张良

是昔日韩国相国的公子、博浪沙谋划椎击始皇帝的勇士，心中也顿生敬意，接下来他也将自己逃离下邳的原因一五一十地说给张良听。

原来，项伯是一名仗义游侠，他本就性情暴烈，又是将门之子，对于一些看不惯的事总爱出头，经常见义勇为，打抱不平，结果在家乡结下一些仇人。楚亡之后，那些仇人认为终于可以报仇了，就纷纷到官府诬告项伯谋反。

项伯得知此事后，愤怒之下，杀死了几个仇敌，然后告别家人，一口气跑了七十多里，来到下邳。而于危难之中，竟结下了张良这个患难朋友，激动、兴奋的心情难于抑制，便对张良说："贤弟的救命之恩，愚兄永世不忘，有朝一日，定将报答！"

且说项伯杀了人，只身逃往下邳，他的长兄项梁却受到牵连被关进栎阳监狱。项梁的好友蕲县狱吏曹无咎得此消息，给栎阳县狱吏司马欣写了一封求情信，才把项梁救出。不料项家的那些仇人并不罢休，硬说项伯杀人是由项梁指使，项伯逃跑也是项梁事先安排好的，坚持要求官府对项梁治罪。项梁看到难以再在家乡生活下去，盛怒之下，像弟弟项伯那样，杀死几个仇人，逃出家乡。不过项梁没有逃到下邳，而是逃到了会稽郡的吴地（今江苏苏州），逃走时，他还特意带上了侄子项羽。

自从项燕战死、楚国灭亡之后，项梁就下了洗雪国仇家恨的决心。哪知他过去的仇还没有报，弟弟项伯又遭人陷害，被逼出走，至今下落不明，于是就把希望寄托在侄子项羽的身上。

后来项梁被乱箭射死、项羽与刘邦进行楚汉之争，这些也都是后话。此处我们要说的是项伯是个极重情义的人，在得到张良的帮助后，视张良为知己，他听说项羽要攻打刘邦，担心张良受此牵连，二话没说就去见了张良。

到达张良大营后，项伯将项羽于明日一早攻打刘邦的事情一五一十地告诉了张良，并劝张良和自己一起逃走。项伯的想法很天真，在他看来，张良对自己有恩，他和张良的友谊也超越了两军之间的军事利益。但显然，张良考虑得要比项伯深远得多，张良已经发现了事情的严重性，不过，他也意识到，项伯也许是化解危机的一枚重要棋子。于是，他先稳住项伯："沛公待我恩重如山，如今沛公大难临头，我不可能为了自保而逃跑，这是不仁不义之举，至少我要先跟沛公知会一声。"张良这一番话很有技巧性，项伯看重的就是张良的义薄云天，而张良回报沛公也是为义，这样说，项伯根本无法反驳。

待项伯走后，张良便将此事告知了刘邦，刘邦听后震惊不已，忙问张良："这下如何是好？"

张良并没有给出明确建议，而是先问刘邦："请问，重兵把守函谷关的计策，是谁提出的？"

此时，刘邦才发现，自己似乎用错了计谋，于是，略带烦躁地说："是个目光短浅的小人，他告诉我只要守住函谷关，不给诸侯入关的机会，将来我们就能完全掌控秦地了。"

张良继续引导："那以沛公您的估算，我们现在的兵力能战胜项羽吗？"这一问让刘邦哑口无言："自然是没办法战胜项羽的，但是事已至此，到底该怎么办？"

看到刘邦终于认清了当下的形势，张良继续说："这件事还得劳请沛公亲自登门和项伯解释清楚，并表态以后绝对不背叛项羽。"要知道，刘邦是先拿下咸阳的，按照楚怀王所说的："先入咸阳者为王。"刘邦不可能不动心，即便力量不如项羽，他也有这种奢望，而正是这种奢望，让他决定封锁函谷关，也导致了现在的被动局面。张良就是要让刘邦认识到，现在的局势下，必须要向项羽低头，即使有才华，也要藏好，刘邦经过思虑后也认为张良的决定是对的——先服软，再图大计。想到这，刘邦突然问："你怎么会认识项伯的？"张良答："以前在下邳的时候，我救过他，他一直记着我的恩情，所以今天前来通知我。"刘邦又问："你和项伯谁年纪大点？"张良说："项伯年长些。"刘邦说："好，请他进来吧，我会以兄长之礼对待他。"

很快，项伯进入帐中，刘邦对项伯很是恭敬，不但向项伯敬酒，还答应和项伯做亲家，然后对项伯说："我进入咸阳城以来，对百姓毫无冒犯，也将所有民众登记在册，将财物封存起来，为的是等项羽将军来验收，而我派重兵把守函谷关，是怕事情有变。我日夜盼望项羽将军的到来，怎会有二心呢？"项伯是个天真的人，很快相信了刘邦的话，并嘱咐刘邦，明早一定要来项羽军中谢罪，其他事交给他去处理。

项伯回到军中后，将刘邦的话转述给了项羽，并对项羽说："沛公入关中，击败了秦军，将军入关时才能如入无人之境，在这一问题上，沛公是有功劳的，如今如果我们出兵攻打他们，并非仁义之举，还请善待沛公。"项羽认为项伯的话很有道理，于是决定暂时不攻打刘邦部队。

鸿门宴

刘邦第二天早晨让一百多人骑着马跟从他来见项羽，到了鸿门，向项羽谢罪说：“我和将军合力攻打秦国，将军在黄河以北作战，我在黄河以南作战，但是我自己没有料到能先进入关中，灭掉秦朝，能够在这里又见到将军。现在有小人的谣言使您和我发生误会。”

项羽说：“这是沛公的左司马曹无伤说的，如果不是这样，我怎么会这么生气？”

项羽当天就留下刘邦，和他饮酒。项羽、项伯朝东坐，亚父朝南坐，亚父就是范增；刘邦朝北坐，张良朝西陪坐。范增多次向项羽使眼色，再三举起他佩戴的玉玦暗示项羽，项羽沉默着没有反应。范增起身，出去召来项庄，说：“君王对待他人仁慈。你进去上前为他敬酒，敬酒完毕，请求舞剑，趁机把沛公杀死在座位上。否则，你们都将被他俘虏！”项庄就进去敬酒。敬完酒，说：“君王和沛公饮酒，军营里没有什么可以用来作为娱乐的，请让我舞剑。”项羽

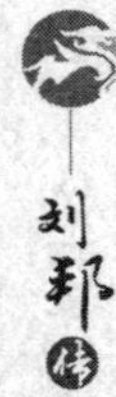

说："好。"项庄拔剑起舞，项伯也拔剑起舞，常常张开双臂像鸟儿张开翅膀那样用身体掩护沛公，因此项庄无法刺杀沛公。

于是张良到军营门口找樊哙。樊哙问："今天的事情怎么样？"张良说："很危急！现在项庄拔剑起舞，他的意图常在沛公身上啊！"樊哙说："这太危急了，请让我进去，跟他同生死。"于是樊哙拿着剑，持着盾牌，冲入军门。持戟交叉守卫军门的卫士想阻止他进去，樊哙侧着盾牌撞去，卫士跌倒在地上，樊哙就进去了，掀开帷帐朝西站着，瞪着眼睛看着项羽，头发直竖起来，眼角都张得要裂开了。项羽握着剑挺起身问："客人是干什么的？"张良说："这是沛公的参乘樊哙。"项羽说："壮士！赏他一杯酒。"左右就递给他一大杯酒，樊哙拜谢后，起身，站着把酒喝了。项羽又说："赏他一条猪的前腿。"左右就给了他一条未煮熟的猪前腿。樊哙把他的盾牌扣在地上，把猪腿放在盾上，拔出剑来切着吃。

项羽说："壮士！还能喝酒吗？"樊哙说："我死都不怕，一杯酒有什么可推辞的？秦王有虎狼一样的心肠，杀人唯恐不能杀尽，处罚唯恐不能用尽酷刑，所以天下人都反叛了他。怀王曾和诸将约定：'先打败秦军进入咸阳的人封作关中王。'现在沛公先打败秦军进了咸阳，一点儿东西都不敢动用，封闭了宫室，军队退回到霸上，等待大王到来。特意派遣将领把守函谷关，是为了防备其他盗贼的进入和意外的变故。这样劳苦功高，没有得到封侯的赏赐，（大王）反而听信小人的谗言，想杀有功的人，这是将已亡的秦朝的作为延续罢了。我私意认为大王不采取这种做法好。”项羽没有话回答，说：“坐。”樊哙挨着张良坐下。坐了一会儿，刘邦以上厕所为由，趁机起身把樊哙叫了出来。

刘邦出去后，项羽派都尉陈平去叫刘邦。刘邦说：“现在出来，还没有告辞，这该怎么办？”樊哙说：“做大事不必顾及小节，讲大礼不需躲避小责备。现在人家正好比是菜刀和砧板，我们则好比是鱼和肉，还辞别什么呢？”于是就决定离去。刘邦就让张良留下来道歉。张良问：“大王来时带了什么东西？”刘邦说：“我带了一对玉璧，想献给项羽；一双玉斗，想送给亚父。正碰上他发怒，不敢亲自献上。您替我把它们献上去吧。”张良说：“好。”

这时候，项羽的军队驻扎在鸿门，刘邦的军队驻扎在霸上，相距四十里。刘邦就留下车辆和随从人马，独自骑马脱身，和拿着剑和盾牌的樊哙、夏侯婴、靳强、纪信四人徒步，从郦山脚下，取道芷阳小路逃跑。刘邦对张良说：“从这条路到我们军营，不过二十里罢了，估计我回到军营了，您就进去。”

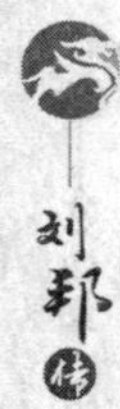

刘邦离去后，张良进去辞别，说：“沛公禁不起多喝酒，不能当面告辞。让我奉上白璧一双，拜两拜敬献给大王；玉斗一双，拜两拜献给大将军。”项羽说：“沛公在哪里？”张良说：“听说大王有意要责备他，脱身独自离开，已经回到军营了。”项羽就接受了玉璧，把它放在座位上。亚父接过玉斗，放在地上，拔出剑来敲碎了它，说：“唉！这小子不值得和他共谋大事！夺项王天下的人一定是刘邦。我们都要被他俘虏了！”

刘邦回到军中，立刻杀了曹无伤。

西楚霸王和汉王

鸿门宴上，刘邦可谓是经历了一场虚惊，幸亏有惊无险。不过刘邦倒是从中落到了不少好处，并且还及时揪出了军中的内鬼曹无伤，另外，他还在项羽的军中安插了眼线——张良的好友项伯。刘邦与项羽明争暗斗，但是很明显，完胜的将会是刘邦，我们且不说二人自身的才智、领导才能等，单就说二人身边的谋士，项羽身边只有一个足智多谋的范增，但很多时候，项羽刚愎自用，根本听不进去范增的意见，除此之外，就是天真的项伯、毫无头脑的项庄，而刘邦身边，有谋士张良、萧何、曹参，就连屠夫樊哙都深明大义。比较下来，我们也能看到楚汉相争的结局如何了。

不过眼下，项羽似乎根本没有认识到自己在鸿门宴中的失误，依然认为这天下势在必得，因为刘邦势力还太小，他根本没将刘邦当回事。于是，项羽继续西进，杀了秦王子婴，屠戮咸阳军民，在秦朝宫殿大肆烧掠，大火持续了三个月，整个咸阳城残破不堪。还掠取宫中的财产和妇女，咸阳

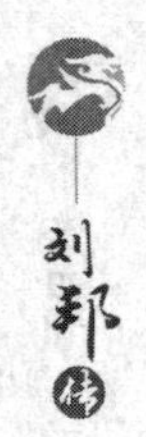

城的百姓都对项羽恨之入骨，再想到从前刘邦和百姓的“约法三章”，百姓们心中感慨万千，但都畏惧项羽的威势，也是敢怒不敢言。

项羽在咸阳城作威作福，早就把自己当成了楚怀王口中说的“王”，然而，他还是派人给楚怀王送去一封信，问询如今的形势下该由谁来称王。他完全没想到楚怀王还是坚持自己最初的决定，在得到回信后震怒不已。项羽原本就嫉恨楚怀王处事不公，在当时两队人马的选择途径上，楚怀王让刘邦走一条顺利的路，而将难题抛给自己，要不是自己花时间和精力打硬战，又怎么会落后于刘邦呢?

于是，项羽对楚怀王阳奉阴违，假意尊楚怀王为义帝，实际上根本不执行楚怀王的命令。在项羽心中，自己早晚要自立为王，所以他召集了各路诸侯，对大家说：“我们农民军刚开始起义的时候，必须要师出有名，所以为了顺应民心，我叔父项梁四处寻找，找到了楚怀王的后裔，让其登基称王，但在讨伐秦国的战争中，他根本没有做出任何贡献。三年了，身披铠甲、奋勇杀敌、冲锋陷阵的是诸位将军和项羽我，而不是王孙心，我们就应该分割天下，自立为王。”这一说法让在场的所有诸侯都拍手称快，其中有人建议项羽选择四面险阻、土地肥沃的关中为驻地，但项羽则认为现在咸阳宫殿已经烧毁，而自己也思乡心切，“人在功成名就时不回家乡，就如同夜里穿着锦绣华服出游一样，谁会看见呢？”项羽执意要回彭城。

项羽在回彭城之前，想到了自己未来的劲敌刘邦。范增告诉他刘邦有夺取天下之心，如果留在关中，势必会成为大患，但是按照楚怀王的提议，刘邦先入关，就应该称王，怎么办呢？范增又为项羽献了一计：“巴蜀之地也是关中之地，沛公应在巴蜀称王。”接下来，项羽采纳了范增的建议，自称西楚霸王，封地九个郡，定都彭城，封诸侯将相为侯王，各自有封地。其中，刘邦的封地在巴蜀、汉中，定都南郑（今陕西汉中市）。各路诸侯认为这样的分配可以接纳，因为符合当初的约定，最主要是项羽兵力强盛，其他诸侯不敢不从。

虽然被封“汉王”，但刘邦心中着实憋屈，因为巴蜀之地道路不通、交通闭塞，一直是犯法流放之人去的地方，怎可作领地？但是在鸿门宴中差点丧命的刘邦，当下也只能选择隐忍了。

就这样，刘邦带着自己的兵马、项羽赠送的三万兵马，以及那些自愿追随自己的诸侯军，浩浩荡荡离开咸阳奔赴南郑了。刘邦率兵进入通往南郑的山谷，在张良的建议下，他令人烧毁了身后数百里的栈道，一方面是防备其他诸侯或者盗贼袭击，另一方面是为了跟项羽做个了断，大有老死不相往来的意味。

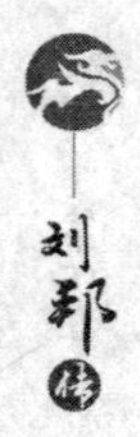

韩信与刘邦的挥兵东进

虽然刘邦当着项羽的面表明自己不再东归，但刘邦着实思念家乡，巴蜀之地离家数千里。刘邦的将士们和他一样，一些将士还天天唱思乡的歌谣，甚至有人为了回家逃离了军营。这样的情况让刘邦不禁陷入了忧虑。

此时，有人告诉他："项羽自立为王，在分封诸侯时，将他的人都分到了富饶之地，只有将您封到了巴蜀这样的穷乡僻壤，这样与贬谪有什么区别呢？我们的将士都是生长于崤山（今河南省西部）以东的人，现在他们思乡心切，您可以利用将士们的这种心情，如果等到天下太平，人人都渴望安定的时候，您的大好时机就不存在了！您还不如挥兵东进，利用将士们想立刻回家的心情，一举夺得天下！"

这样一番话说动了刘邦，刘邦心情澎湃、摩拳擦掌，而给他出这个主意的正是前不久萧何为他挖过来的人才——韩信。

韩信，淮阴（原江苏省淮阴县，今淮阴区）人，早年家

贫，性格放纵而不拘礼节。未被推选为官吏，又无经商谋生之道，常常依靠别人糊口度日，许多人都讨厌他。

韩信的母亲死后，穷得无钱来办丧事，然而他却寻找又高又宽敞的坟地，要让那坟地四周可安顿得下一万家。

当时下乡南昌亭长认为韩信凡夫俗子，让韩信在他家吃闲饭，接连数月。亭长的妻子嫌恶他，一早把饭煮好，在床上就吃掉了。开饭的时候，韩信去了，却不给他准备饭食。韩信也明白他们的用意，一怒之下，离去不再回来。

韩信在城下钓鱼，有几位老大娘漂洗丝棉，其中一位大娘看见韩信饿了，就拿出饭给韩信吃。几十天一直如此。韩信很高兴，对那位大娘说："我一定重重地报答您。"大娘生气地说："大丈夫不能养活自己，我是可怜你这位公子才给你饭吃，难道是希望你报答吗？"

淮阴屠户中有个年轻人侮辱韩信说："你虽然长得高大，喜欢佩带刀剑，其实是个胆小鬼。"又当众侮辱他说："你要不怕死，就拿剑刺我；如果怕死，就从我胯下爬过去。"韩信仔细地打量了他一番，低下身去，趴在地上，从他的胯下爬了过去。满街的人都笑话韩信，认为他胆小。

这两个小故事可以说明韩信虽然早年家贫，但却有着远大的抱负和能屈能伸的气度。

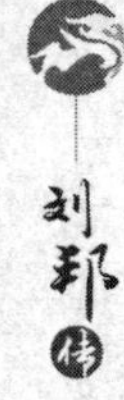

陈胜、吴广起义后，项梁也渡过淮河北上，韩信此时带着宝剑投奔了项梁，留在部队，默默无闻。项梁败死后，他又归属项羽，项羽让他做郎中。韩信多次给项羽献计，项羽不予采纳。刘邦入蜀后，韩信离楚归汉，做管理仓库的小官，依然不被人所知。后来韩信坐法当斩，同案的十三人都已处斩，就要轮到韩信了，韩信举目仰视，看到了滕公夏侯婴，说："汉王不打算得天下吗？为什么杀掉壮士？"夏侯婴觉得此人话语不同凡响，看他相貌威武，就放了他，同他交谈，很欣赏他，于是进言刘邦。刘邦只封韩信一个管理粮饷的官职，没有发现他与众不同的地方。

韩信多次同萧何交谈，萧何也十分赏识他。刘邦被项羽封为汉王（实为被排挤到汉中），从长安到达南郑，就有数十位将领逃亡。韩信见萧何等人多次在刘邦面前举荐自己而刘邦不用，也逃走了。萧何听说韩信逃走，来不及向刘邦报告便去追赶韩信。军中有人向刘邦报告"丞相萧何逃跑了。"刘邦大怒。

隔了一两天，萧何回来见刘邦，刘邦又是生气又是欢喜，骂道："你为什么逃跑？"萧何答道："我不敢逃跑，我是追逃跑的人。"刘邦问道："你去追回来的是谁？"萧何说："韩信啊。"刘邦又骂道："军官跑掉的有好几十，你都没有追；倒去追韩信，这是撒谎。"萧何说："那些军官是容易得到的，至于像韩信这样的人才，是普天下也找不出第二个来的。大王假如只想做汉中王，当然用不上他；假如要想争夺天下，除了韩信就没有可以商量大计的人了。只看大王如何打算罢了。”刘邦说：“我也打算回东方去呀，哪里能够老闷在这个鬼地方呢？”萧何说：“大王如果决计打回东方去，能够重用韩信，他就会留下来；假如不能重用他，那么，韩信终究还是要跑掉的。”刘邦说：“我看你的面子，派他做个将军吧。”萧何说：“即使让他做将军，韩信也一定不肯留下来的。”刘邦说：“那么，让他做大将。”萧何说：“太好了。”当下刘邦就想叫韩信来拜将。萧何说：“大王一向傲慢无礼，任命一位大将，就像是呼唤一个小孩子一样，这就是韩信离去的原因。大王如果诚心拜他做大将，就该拣个好日子，自己事先斋戒，搭起一座高坛，按照任命大将的仪式办理，那才行啊！”刘邦答应了。那些军官们听说了，个个暗自高兴，人人都以为自己会被任命为大将，等到举行仪式的时候，才知道是被任命的韩信，全军上下都大吃一惊。

韩信刚被刘邦任命为大将军，就向刘邦献计——挥兵东进，这让刘邦喜出望外，对韩信大有相见恨晚之感。不过，这只是韩信的第一次表现，在刘邦和项羽后期的角逐中，韩信无疑是刘邦最具谋略的高参。

明修栈道，暗度陈仓

刘邦在认可了韩信提出的“挥兵东进”策略后，又犯愁了。该如何挥兵东进呢？于是，刘邦继续问韩信有何定国安邦的良策。

韩信问：“同您东向而争天下的不是项羽吗？那大王自己估计一下，论兵力的英勇、强悍、精良，同项羽比谁高谁下？”

刘邦沉默良久，认为自己不如项羽。韩信再拜，赞同地说：“不仅大王，就连我也觉得您不如项王。可是我曾经侍奉过项王，请让我谈谈项王的为人。项王一声怒喝，千人会吓得胆战腿软，可是他不能放手任用贤将，这只算匹夫之勇；项王待人恭敬慈爱，语言温和，人有疾病，同情落泪，把自己的饮食分给他们，可是等到部下有功应当封爵时，他把官印的棱角都磨光滑了也舍不得给人家，这是妇人之仁；项王虽然独霸天下而使诸侯称臣，可是却不居关中而定都彭城，又违背义帝的约定，把自己的亲信和偏爱的人封为王，诸侯对此愤愤不平。诸侯见项王驱逐义帝于江南，也都回去驱逐他们原来的君王而自立为王了。凡是项羽军队经过的地方，无不遭蹂躏残害，所以天下人怨恨他，百姓只是在他的淫威下勉强屈服。他名义上虽为天下的领袖，实质上已失去了民心，所以他的强大会很快变成衰弱的！在这种情况下大王如能反其道而行之，任用天下武勇之人，何愁敌人不被诛灭！把天下的土地分封给功臣，何愁他们不臣服！率领英勇的一心想打回老家去的士兵，何愁敌人不被打散！况且三秦的封王章邯、董翳、司马欣本为秦将，率领秦国弟子已有数年，战死和逃亡的人不计其数，又欺骗他们的部下和将领投降了项羽，至新安，项羽用欺诈的手段坑杀秦降卒二十余万人，唯独章邯、董翳、司马欣得以脱身，秦人对这三人恨之入骨。正在这时项羽以武力强封这三人为王，秦国百姓都不拥戴他们。您入武关时，秋毫不犯，废除秦苛酷刑法，与秦民约法三章，秦国百姓无不想拥戴你在关中为王 。根据当初诸侯的约定，大王理当在关中称王，关中的百姓都知晓。可大王失掉应有的封爵而被安排在汉中做王，秦地百姓无不怨恨项王。如今大王起兵向东，攻三秦的属地，只要号令一声即可收服。”

刘邦听后大喜，认为得到韩信这位人才太晚了，对韩信言听计从，部署诸将准备出击。韩信的这番议论，实际上为

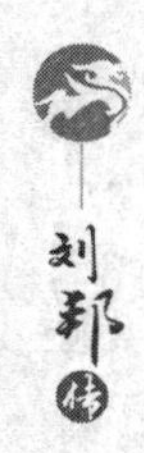

刘邦制定了东征以夺天下的方略。

韩信所说的章邯，就是被项羽分封的雍王，此人原是秦末降于项羽的一员大将，项羽派他在关中为王，主要目的就是监视刘邦，防止刘邦再打回关中。不过，刘邦在进入巴蜀之地前已经烧毁了几百里的栈道，这让项羽和章邯放松了不少戒备，但他们也确实没想到，这么快，刘邦就有了新动作。

韩信的第一步计划是，先夺取关中，打开东进的大门，建立兴汉灭楚的根据地。于是他派出几百名官兵去修复栈道。这时，守着关中西部的章邯听到了这个消息，不禁笑道："谁叫你们把栈道烧毁的！你们自己断绝了出路，现在又来修复，这么大的工程，只派几百个士兵，看你们哪年哪月才能完成。"因此，章邯对于刘邦和韩信的这一行动，根本没有引起重视。

可是，不久章邯便接到紧急报告，说刘邦的大军已攻入关中，陈仓（在今陕西省宝鸡市东）被占，守将被杀。章邯起初还不相信，以为是谣言，等到证实的时候，慌忙领兵抵抗，已经来不及了。章邯被逼自杀，驻守关中东部的司马欣和北部的董翳也相继投降。号称三秦的关中地区于是一下子被刘邦全部占领了。

原来韩信表面上派兵修复栈道，装作要从栈道出击的姿态，实际上却和刘邦统率主力部队，暗中抄小路袭击陈仓，趁章邯不备取得了胜利。这就叫作“明修栈道，暗度陈仓”。

韩信的这个计策，当初张良建议烧毁栈道的时候就曾向刘邦说过。刘邦见他们两人先后所定的计策竟然完全一样，高兴地说：“英雄所见，毕竟略同！”

至此，刘邦在关中站稳了脚跟。

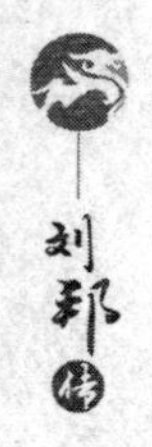

群雄逐鹿

刘邦挥兵东进，按照常理，项羽应该“采取一点措施”，然而，此时的他无暇顾及刘邦，因为现在天下大乱，群雄逐鹿，项羽急于与各路不顺从自己的诸侯进行较量。

项羽在自立为王、分封诸侯的时候，并不是理性的，完全是凭自己喜好来进行的。诸侯心中诸多怨恨，封王结束后，项羽率兵回彭城，想将义帝迁走，便差人告诉义帝：“古时候的帝王都是居于上游。”意思是让义帝西迁。在义帝西迁途中，随行军官有反叛的意图，项羽趁机派衡山王吴芮、临江王共敖袭击义军的队伍，并杀害了义帝。本来各路诸侯军就对项羽愤愤不平，项羽杀了义帝，更是让大家义愤填膺，也为反楚找到了借口。

最先反楚的是齐国的田荣。齐国为什么会打响反楚第一枪呢？

公元前209年，陈胜吴广起义之后，齐国王族田儋趁机杀死狄县县令，举兵起义，自立为齐王，以田荣为相国，以

田横为将，以田都为副将，很快就平定了齐国故地。第二年，秦将章邯围攻魏王魏咎，魏咎派周市向齐、楚两国求援，田儋与楚将项它率军救援魏国，但章邯取得大胜，杀了田儋和周市，田荣败逃。

田儋被杀之后，齐国国内获悉，就私下拥立齐王田建的弟弟田假为齐王，田角为丞相，田间为大将。一夕之间，田荣、田横就被排除在新的权力集团之外，因此田荣非常气愤，带兵回去，攻击齐王田假。于是，田假逃到楚国，丞相田角、大将田间逃到赵国。驱逐田假之后，田荣立田儋之子田市为齐王，自任丞相执掌大权，田横为大将，再一次平定了齐地。可见，齐国这一支反秦队伍非常混乱，内部争权夺利严重，其他复国者内部情况也差不多，因此他们都不太可能一统天下。

由于章邯队伍越来越强，项梁希望齐、赵两国共同出兵，一起合力消灭章邯。但田荣一心想要除掉政敌，说："如果楚国杀死田假，赵国杀死田角、田间，那我们就出兵。"楚国与赵国都拒绝了田荣要求，于是齐国没有出兵。最终，章邯击败楚军杀了项梁，楚军往东溃逃，章邯趁机渡过黄河，围攻赵国的巨鹿。之后项羽前往援救赵国，在巨鹿之战中扭转局势，但也"由此怨田荣"。

不过，田荣虽然没有参与攻秦，但田都和齐王建之孙田安却背叛田荣，响应了项羽号召，参与了巨鹿之战。

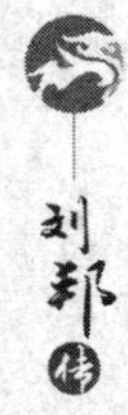

因此，项羽分封天下时，将齐地一分为三，即田市、田都、田安。显然，这种分封方式存在很大隐患：田市本是齐王，占据齐国故地，如今分封田都、田安为王，必然削弱了田市封地与田荣的权力；田都、田安这些“小辈们”都能封王，田荣却未能封王，因此田荣怒而起兵。

公元前206年五六月份，田荣不满分封，赶走齐王田都，杀胶东王田市，自立为齐王，打响了反抗项羽第一枪。与此同时，田荣派人带兵帮助陈余，让他在赵地反叛项羽，田荣自己也发兵抗击田都，田都逃到楚国。田荣扣留了齐王田市，不让他到胶东的治所。田市手下的人说：“项羽强大而凶暴，而您作为齐王，应该到自己的封国胶东去，若是不去的话，一定有危险。”田市非常害怕，于是就逃跑去胶东。田荣得知后勃然大怒，急忙带人追赶齐王田市，在即墨把他杀了，回来又攻打济北王田安，并且把他杀了。于是，田荣就自立为齐王，占有了全部的三齐之地。

项羽听到这个消息之后，十分恼怒，于是就起兵北伐齐国。齐王田荣被打得大败，逃跑到平原，汉二年（公元前205年），平原人把田荣杀了。”

接下来是彭越。

彭越，字仲，砀郡昌邑（今山东省菏泽市巨野县）人。

彭越常在钜野湖泽（今山东巨野北）中打鱼，伙同一

帮人做强盗。陈胜、项梁揭竿而起，有的年轻人就对彭越说："很多豪杰都争相树起旗号，背叛秦朝，你可以站出来，咱们也效仿他们那样干。"彭越说："现在两条龙刚刚搏斗，还是等一等吧。"

过了一年多，泽中年轻人聚集了一百多，前去追随彭越，说："请你做我们的首领。"彭越拒绝说："我不愿和你们一块干。"年轻人们执意请求，他才答应了，跟他们约好第二天日出时集合，迟到的人杀头。第二天，迟到的有十多人，最后一个人直到中午才来。当时，彭越很抱歉地说："我老了，你们执意要我当首领。现在，约定好了时间却有很多人迟到，不能都杀头，只杀最后来的一个人。"彭越命令校长动手，大家都笑着说："何必这样呢，今后不敢再迟到就是了。"但是彭越拉过最后到的那个人杀了，设置土坛，用人头祭奠，号令所属众人。众人都大为震惊，害怕彭越，没有谁敢抬头看他。大家明白当了首领的彭大哥变了，一个个都严肃起来，对彭越充满敬畏。这就达到了彭越想要的效果，毕竟原来这帮人都在一块儿混得太熟了，没人拿纪律这玩意当回事儿，这样的部队出去就得全军覆没。所以他必须要立威，才能做到令行禁止。而且他做的还让人挑不出毛病，全都站在理上，这便是枭雄本色。

于是彭越就带领大家出发夺取土地，收集诸侯逃散的士

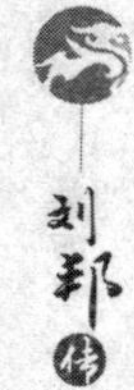

兵，有一千多人，到了项羽分封诸侯时，他的军队已经达到一万多人。齐王田荣反了以后，觊觎彭越的队伍，便任命彭越为将军，让彭越帮助他一起攻打楚军。彭越领命后出征楚将萧公角，大获全胜。

魏国名士陈馀也因项羽不给自己封王而心存怨恨。陈馀是谁？

陈馀，魏国大梁人，爱好儒家学说，曾多次游历赵国的苦陉。一位很有钱的公乘氏把女儿嫁给他，因为他知道陈馀不是一般平庸无为的人。

大泽乡起义之后，陈馀与张耳一起投奔陈胜，后跟随武臣占据赵地，武臣自立为赵王后，出任大将军，武臣被部将李良杀死，与张耳立赵歇为赵王。李良引秦军大将章邯攻赵。张耳、赵歇败走巨鹿，被秦将王离包围，自觉兵少，不敢进兵攻秦。张耳大怒，责怪陈馀不守信义，方出兵五千去救巨鹿，然而全军覆没。后项羽大军至，大胜秦军，解巨鹿之围。张耳再次见陈馀时，怪他背信弃义。陈馀一气之下将帅印交出，从此张、陈两人绝交。

公元前206年二月，项羽封诸侯为王，张耳向来交游很广，很多人替他说好话，项羽平常也听说张耳有才能，于是分割赵国的土地封张耳做常山王，设立信都，并把信都改名为襄国。

陈馀旧有的宾客中很多人规劝项羽说：“陈馀、张耳

同样对赵国有功。”可是项羽因为陈馀不随从入关，又听说他在南皮，就把南皮周围的三个县封给他。张耳到他的封国去，陈馀更加恼怒，说：“张耳和我功劳相等，张耳封王，只有我封侯，这是项羽不公平。”待到齐王田荣背叛楚国，陈馀便派夏说去游说田荣道：“项羽作为天下的主宰，却不公平，把好地方都分封给将军们去称王，把原来称王的都迁到坏地方，如今，把赵王迁居代县！希望大王借给我军队，以南皮作为您遮挡防卫的屏障。”田荣打算在赵国树立党羽用以反对楚国，就派遣了军队听从陈馀的指挥。因此，陈馀调动了所属三个县的全部军队袭击常山王张耳。

陈馀打败张耳以后，收复了赵国全部的土地，把赵歇从代县接回来，让他又做了赵国的国君。赵歇对陈馀感恩戴德，分封陈馀为代王。陈馀因为赵歇软弱，国内局势刚刚稳定，不到封国去，留下来辅佐赵王，而派夏说以国相的身份驻守代国，同时，也开始与楚国政权公开叫板。

诸侯纷纷反楚，项羽自然要排兵镇压。他镇压的第一个目标就是齐王田荣。此时，他已经收到消息说刘邦已经收复了三秦之地，但是眼下最要紧的还是平定诸侯叛乱的问题。恰逢此时，刘邦的左右手张良听说韩王已经被项羽杀死了，光复韩国的希望破灭，张良万念俱灰，马上写信给项羽说：“汉王攻取三秦，只是按照约定只在关中称王，只要占领关中地区就不再

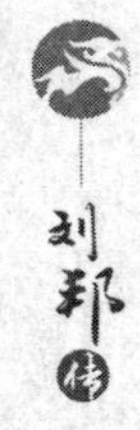

继续进攻。”他的意思是，刘邦不会有更进一步的野心，希望项羽能放心，项羽果然相信了这一番话，继续与齐王周旋。

趁势，刘邦继续挥师东进，出函谷关，收服了魏王豹与他的封地河南一带，魏王韩昌、殷王司马等原本臣服于项羽的诸侯也纷纷倒戈。

公元前206年七月，在田荣自立为齐王并反抗项羽后，刘邦就派人赐给彭越将军印信，让他进军济阴（今山东省菏泽市定陶区西北）攻打楚军。项羽命令萧公角率兵迎击彭越，却被彭越打得大败。

公元前205年春天，刘邦和魏豹以及各路诸侯向东攻打楚国，彭越率领他的部队三万多人在外黄归附汉王。刘邦说：“彭将军收复魏地十几座城池，急于拥立魏王的后代。如今，魏王豹是魏王咎的堂弟，是魏王真正的后代。”于是任命彭越做魏国国相，独揽兵权，平定梁地。

公元前205年，刘邦向东进击楚国，派使者通知赵国，要和赵国共同伐楚。陈馀说：“只要汉王杀掉张耳，赵国就从命。”于是刘邦找到一个和张耳长得相像的人斩首，派人拿着人头送给陈馀。陈馀才发兵助汉。

总的来说，刘邦联合了齐王田荣、赵王歇和陈馀以及彭越一起攻打项羽，就这样，几个月以后，刘邦就集合了五路诸侯大军，准备攻向彭城。

楚汉第一次正面交锋

项羽与齐王田荣部队激战之时，探子来报称刘邦已经率军围攻彭城，但项羽听后依然面不改色。面对刘邦和五路诸侯的五十万大军，他命令部将在齐地继续作战，而自己则带了三万精兵去彭城救济。两方兵力悬殊，项羽依然毫不畏惧，这就是项羽的气魄。

项羽率兵回彭城的路上，刘邦已经攻入彭城。由于项羽的大部队被牵制在齐国，彭城兵力空虚，刘邦很轻易就拿下了彭城，在进驻彭城后，刘邦四处掠夺西楚的财物美女等，每天大摆筵席庆祝胜利，而此时项羽则带着自己的三万精兵到达萧地（彭城以西），趁着天色微微亮，对刘邦的部队展开突击。项羽不愧是一名悍将，到了中午，项羽就攻破了汉军，汉军仓皇而逃，项羽乘胜追击，将汉军追到河边，杀死了十几万人。剩下的汉兵沿着山路往南逃窜，项羽又带兵追击到睢水，此时的汉军已经无路可退，楚军将汉军团团围住，对其进行残忍屠杀，漂浮在河上的尸体就有十几万。

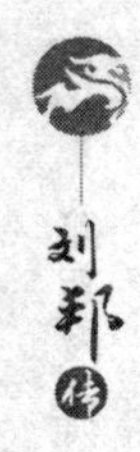

项羽军将刘邦及其残部包围了三层，正待聚歼之际，忽然西北大风猛袭而来，飞沙走石，树木连根拔起，一时间天昏地暗，吹打得项羽军阵营混乱。刘邦趁此机会，仅带十余名骑兵突围而逃。其父、其妻被楚军俘获，汉军几乎全军覆灭。

刘邦感到绝望极了，但是也只能往西躲，不过在半路遇到了逃出来的一对子女，刘邦甚是欢喜，将两个孩子抱上马车。多了两个人，马车速度慢了下来，刘邦为躲避楚军，中途将两个孩子放下来，而夏侯婴看到后，又将两个孩子抱上车，刘邦再抱下来，如此反复几次，最后，夏侯婴看不下去了，说："眼下虽然情况紧急，但也不能不顾两个孩子的性命啊！"刘邦这才作罢当刘邦顺利到达安全地点时，再一次派人去寻找家人，结果一无所获。

彭城之战中，刘邦大败。兵败后，韩信收集了一些溃败的汉军；留守关中的萧何收到刘邦兵败的消息后，也派遣一些老弱残兵前去支援。刘邦投靠了吕雉的兄长吕择，获得了一些兵力，这三路人马在荥阳（今河南荥阳）会合，这期间，楚军以彭城为根据地，不断追击逃散的汉军，一直追到荥阳，但因为路途遥远，兵力不足，汉军抓住这一点，又与楚军进行了几次较量，取得了一些胜利，如此，刘邦总算没有败得那么惨。

彭城之战是中国大规模独立运用骑兵歼灭步兵的典范。项羽所率的三万精兵均是骑兵，机动性大，能以迅雷不及掩耳之势对敌突袭，顷刻间造成敌军的惊惶混乱，然后于乱中取胜。

项羽绕道彭城西南的萧县，期间潜伏下来等待刘邦诸军全部进彭城，并在早晨攻击敌人后翼。面对敌人的数量优势以及联军的指挥不协调，项羽采用直接进攻刘邦指挥中枢的战术，咬定敌方主帅追着猛打，使刘邦的指挥系统瘫痪，自始至终无法组织军队抵抗。由于两方兵力悬殊，项羽驱赶引诱汉军到河边自相残杀，互相践踏，最后落水而亡。

虽然这场战役以项羽的完胜而告终，但是，在最后一刻，项羽没有一鼓作气乘胜追击。以致后来，刘邦逃往西边，占据荥阳成皋之地利，依靠关中汉中之资源和地利，以及项羽后方的游击战大师彭越，集中整个集团的优势力量，终于拖垮项羽，赢得天下。

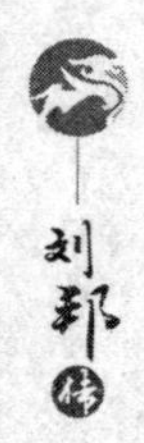

拉拢黥布

彭城之战中，刘邦大败，那么，此时的各路诸侯在干什么呢？在秦末起义征战中，各路诸侯也算得上是各地豪杰，但是在楚汉争霸的四年，这些割据一方的诸侯们一个个如同墙头草，谁的实力强，就倒向哪边，一会儿倒向项羽，一会儿倒向刘邦。一开始，因为对项羽充满怨恨，大家纷纷加入到刘邦的队伍来；现在，经过彭城之战，刘邦大败，便又想重回项羽怀抱。

此时，兵力严重不足的刘邦陷入了困境，自己的士兵死的死、伤的伤，而原来的诸侯国盟友又弃自己而去，现在最好的办法是拉拢他们，争取更多的支持。要拉拢盟友，就要“各个击破”，那么，就先从最容易的开始拉拢吧，刘邦第一个想到的就是黥布。黥布是谁？

在《黥布列传》里，有关于他的详细记载，大致内容是这样：

黥布，是六县人，姓英。秦朝时他是个平民百姓。小时候，有位客人给他看了相说："当在受刑之后称王。"到了壮年，犯了法，被判处黥刑。黥布愉快地笑着说："有人给我看了相，说我当在受刑之后称王，现在，大概就是这种情形了吧？"听到他这么说的人，都戏笑他。黥布定罪后不久被押送到骊山服劳役，骊山刑徒有几十万人，黥布专和罪犯的头目、英雄豪杰来往，终于带着这伙人逃到长江之中做了群盗。

陈胜起义时，黥布就去见番县令吴芮，并跟他的部下一起反叛秦朝，聚集了几千人的队伍，番县令还把自己的女儿嫁给了他。章邯消灭了陈胜、打败了吕臣的军队之后，黥布就带兵北上攻打秦左、右校的军队，在清波打败了他们，就带兵向东挺进。听说项梁平定了江东会稽郡，渡过长江向西进发，陈婴因为项氏世世代代做楚国的将军，就带领着自己的军队归属了项梁，向南渡过淮河，黥布、蒲将军也带着军队归属了项梁。

项梁率师渡过淮河向西进发，在攻打景驹、秦嘉等人的战斗中，黥布骁勇善战，总是列于众军之首。项梁到达薛地，听说陈王的确死了，就拥立了楚怀王。项梁号称武信君，黥布为当阳君。项梁在定陶战败而死，楚怀王迁都到彭城，将领们和黥布也都聚集在彭城守卫。正当这时，秦军加紧围攻赵国，赵国屡次派人来请求救援。楚怀王派

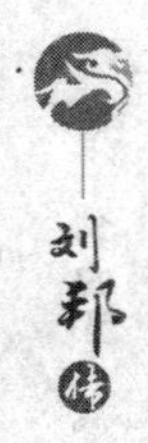

宋义担任上将军，范增担任末将军，项羽担任次将军，黥布、蒲将军都为将军，全部归属宋义统帅，向北救助赵国。等到项羽在黄河之畔杀死宋义，楚怀王趁势改任项羽为上将军，各路将领都归属项羽统辖。项羽派黥布率先渡过黄河攻击秦军，黥布屡立战功占有优势，项羽就率领着全部人马渡过黄河，跟黥布协同作战，于是打败了秦军，迫使章邯等人投降。楚军屡战屡胜，功盖各路诸侯。各路诸侯的军队都能逐渐归附楚国，是因为黥布指挥军队作战能以少胜多，使人震服啊！

项羽带领着军队向西到达新安，又派黥布等人领兵趁夜袭击并活埋章邯部下二十多万人。到达函谷关，不得入，又派黥布等人，先从隐蔽的小道，打败了守关的军队，才得以进关，一直到达咸阳。黥布常常担任军队的前锋。项王分封将领们的时候，封黥布为九江王，建都六县。

汉元年（公元前206年）四月，诸侯们都离开项王的大本营，各自回到自己的封国。项王拥立怀王为义帝，迁都长沙，却暗中命令九江王黥布等人，在半路上偷袭他。这年八月，黥布派将领袭击义帝，追到郴县把他杀死。

汉二年，齐王田荣背叛楚国，项王前往攻打齐国，向九江征调军队，九江王托辞病重不能前往，只派将领带着几千人应征。汉王在彭城打败楚军，黥布又托辞病重不去辅佐楚国。项王因此怨恨黥布，屡次派使者前去责备黥布，并召他前往。黥布越发恐慌，不敢前往。项王正为北方的齐国、赵国担心，西边又忧患汉王起兵，知交的只有九江王，又推重黥布的才能，打算亲近他、任用他，所以没有攻打他。

汉三年，汉王攻打楚国，在彭城展开大规模的战争，失利后从梁地撤退，来到虞县，对身边亲近的人说："像你们这些人，不配共同谋划天下大事。"负责传达禀报的随何近前说："我不理解陛下说的是什么意思。"汉王说："谁能替我出使淮南，让他们发动军队，背叛楚国，让齐国再把项王牵制几个月，我夺取天下就万无一失了。"随何说："我请求出使淮南。"

汉王给了他二十人一同出使淮南。到达后，随何见到了淮南太宰，但等了三天也没能见到淮南王。随何游说太宰说："大王不召见我，一定认为楚国强大，汉国弱小，这正是我出使的原因。如果我能见到大王，说的话是对的，那正是大王想听的；说的话不对呢，让我们二十人躺在砧板之上，在淮南的广场上被斧头剁死，以表明大王背叛汉国亲近楚国之心。"太宰这才把话转告淮南王，淮南王接见了他。随何说："汉王派我恭敬地上书大王驾前，我私下感到奇怪的是，大王为什么和楚国那么亲近。"淮南王说："我面向北边以臣子的身份侍奉他。"随何说："大王和项王都是诸侯，北向而以臣子的身份侍奉他，一定是认为楚国强大，可以把国家托付给他。项王攻打齐国时，他亲自背负着筑墙的工具，身先士卒，大王应当出动淮南全部人马，亲自率领着他们，做楚军的前锋，如今只派四千人去帮助楚国，面北而侍奉人家的臣子，本来是这个样子吗？汉王在彭城作战，项王还未曾出兵齐国，大王就应该调动淮南所有的人马，渡过淮河，帮助项王与汉王日夜会战于彭城之下。大王拥有万人之众，却没有一个人渡过淮河，这是垂衣拱手地观看他们谁胜谁败。把国家托付给人家的人，本来就是这个样子吗？大王挂着归向楚国的空名，却想扎扎实实地依靠自己，我私下认为大王这样做是不可取的。可是，大王不背弃楚国，是认为汉国弱小。楚国的军队即使强大，却背负着天下不义的名声，因为他背弃盟约而又杀害义帝。可是楚王凭借着战争的胜利自认为强大，汉王收拢诸侯之后，回师驻守城皋、荥阳，从蜀、汉运来粮食，深挖壕沟，高筑壁垒，分兵把守着边境要塞，楚国要想撤回军队，中间有梁国相隔，深入敌人国土八九百里，想打又打不赢，攻城又攻不下，老弱残兵辗转千里运粮；等到楚国军队到达荥阳、成皋，汉王的军队只要坚守不动，楚军就进攻又攻不破，退却又逃不出汉军的追击。所以说楚国的军队是不足以依靠的。假使楚军战胜了汉军，那么诸侯们人人自危，必然要相互救援。一旦楚国强

大，恰好会招来天下军队的攻击。所以楚国比不上汉国，那形势是显而易见的。如今大王不和万无一失的汉国友好，却将自身托付于危在旦夕的楚国，我私下替大王感到疑惑。我不认为淮南的军队足够用来灭亡楚国。只要大王出兵背叛楚国，项王一定会被牵制，只要牵制几个月，汉王夺取天下就可以万无一失了。我请求给大王提着宝剑归附汉国，汉王一定会分割土地封赐大王，岂止这淮南之地呢？淮南必定为大王所有啊。因此，汉王严特派出使臣，进献不成熟的计策，希望大王认真地考虑。”

淮南王说：“遵从你的意见。”暗中答应叛楚归汉，但没敢泄露这个秘密。

这时，楚国的使者也在淮南，正催促黥布出兵。随何径直闯进其所住的客栈，坐在楚国使者的上席，说：“九江王已归附汉王，楚国凭什么让他出兵？”黥布显出吃惊的样子。楚国使者站起来要走，随何趁机劝黥布说：“大事已成，杀死楚国的使者，不能让他回去，我们赶快向汉靠拢，协同作战。”黥布说：“就按照你的指教，出兵攻打楚国罢了。”于是杀掉使者，出兵攻打楚国。楚国便派项声、龙且进攻淮南，项王留下来进攻下邑。战争持续了几个月，龙且在淮南的战役中，打败了黥布的军队。黥布想带兵撤退到汉国，又怕楚国的军队拦截杀掉他，所以和随何从隐蔽的小道

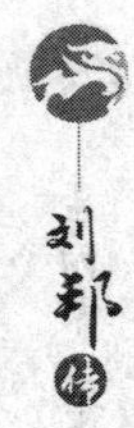

逃归汉国。

淮南王到时，汉王正坐在床上洗脚，就叫黥布去见他。黥布见状，怒火燃胸，后悔前来，想要自杀。当他退出来，来到为他准备的宾馆，见到帐幔、用器、饮食、侍从官员一如汉王那么豪华，黥布又喜出望外。于是就派人进入九江。这时楚王已经派项伯收编了九江的部队，杀尽了黥布的妻子儿女。黥布派去的人找到当时的宠臣故友，带着几千人马回到汉国。汉王又给黥布增加了兵力一道北上，到成皋招兵买马。汉四年七月，汉王封黥布为淮南王，共同攻打项羽。

黥布归附刘邦，让楚汉争霸中双方的力量发生了微妙的变化，对于刘邦来说，加之之前彭越、张耳等人已经归附，刘邦发起的攻楚联盟又开始慢慢发展起来，逐渐开始站稳脚跟。

楚汉两军对垒

刘邦在彭城之战中大败，后逃到荥阳，在荥阳打了几次小胜仗。但兵马未动，粮草先行。被项羽围困的刘邦，缺食少粮更为严重。幸运的是其属下著名的谋士郦食其给他解决了这个难题。他说荥阳附近有一个秦朝时期设立，名为敖仓的大粮仓，修筑一个通道连接两地就可以解决粮草问题。于是刘邦听从了郦食其的意见，在两地之间修建一个甬道。何为甬道？就是先修一条路，然后在路两边砌墙抵挡敌人的攻击。有此命脉后，刘邦与项羽对峙了一年有余。

然而军事素养极高的项羽在十月份发现了这个关键的甬道，于是抽调精兵断了甬道。得此消息的刘邦又向谋臣们寻求计策。这时郦食其又为刘邦出主意说："商汤灭了夏桀以后，封夏桀后裔为王；周武王灭商以后，封殷的后人为王；你现在应封被秦所灭六国诸侯后裔为王，这样项羽的敌人就多了，你的压力就减小了。"刘邦就让郦食其去做六国的印玺。

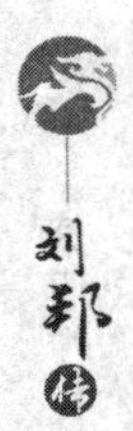

此时张良回来，刘邦说了此事，张良听后说：如果这样做，你的帝业就完了，张良说了八不可，其中有一条就是：你手下将士跟随你打天下，为的就是以后得封尺地，你若将土地封给了六国后人，以后再想封将士，则无地可封了。再者，你封了六国后人为王，你军中六国的士卒都来自六国，他们就会回到六国侍奉自己的国君，谁还为你打仗？听了张良之言后，刘邦“辍食吐哺”大骂郦食其“竖儒，几败而公事！”然后“令趣销印”。

否决了郦食其的意见后，张良也提不出对策，万般无奈的刘邦只能向项羽史无前例地提出议和，条件就是荥阳以西归刘，以东归项。这比当初项羽封刘邦到汉中的地域更加广大，然而项羽却同意了。可见项羽还不明白他与刘邦之间，一山不容二虎的道理。幸运的是有人明白，那就是范增。《史记项羽本纪》记载范增说了两句话：“今释弗取，后必悔之。”现在的刘邦粮草不足，士气低落。这个时候不打等于养虎为患，将来必将后悔，被范增点醒的项羽这才放弃议和的念头，继续进攻刘邦。

那么，如何让项羽同意议和呢？谋士陈平献出一计：离间计。陈平何许人也？

陈平自幼家贫，好读书，长得高大魁梧，相貌英俊。

陈平成家后投靠了魏王咎，向魏王献计却不被接受，于是就投奔项羽。陈平去打殷国胜利后班师回楚，而不久汉王刘邦却攻下了殷国。项羽特别生气，要处置当初攻打殷国的人，陈平怕丢了性命于是逃走，投靠了刘邦。

陈平看出来项羽和范增就是否攻打刘邦的问题产生了分歧，于是就向刘邦提出一个妙计来离间项羽和范增，这个计谋看起来上十分低级，可最终却真的达到了目的。

陈平的计策主要分为两步，第一步买通项羽旗下的一些士兵，叫他们大肆宣传说范增、钟离昧和龙苴想要去投奔刘邦出卖项羽。也许一两个人说还无所谓，说的人多了项羽也就开始认真起来，觉得范增可能真的有这种想法。

紧接着，陈平趁热打铁，继续下一个步骤，当项羽的使者去到刘邦那里时，陈平准备了好酒好菜，正要吃饭之际，陈平突然说："欢迎亚父的使者前来我们这里。"项羽的使者听到这句话，一脸蒙圈，连忙解释道："我是项王派来的使者，而不是亚父的使者。"

听使者这样说完，陈平立即摆脸色，并且叫人把好酒好菜都撤走，拿上来一些残羹剩饭招待使者。陈平在一旁理都不理使者。使者生气地直接离开，回去禀报项羽："亚父一定是与刘邦有染，我去到刘邦那里，一开始他们以为我是亚父派去的使者，就大鱼大肉招待我，我一说是项王您的使者，他们就把大鱼大肉拿走，换成残羹剩饭。"

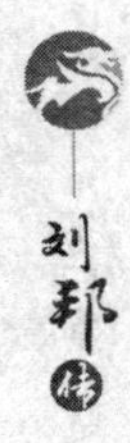

项羽一听居然有这种事情，明显是范增已经和刘邦有染，自己要是再不警觉一点，恐怕自己就危险了。司马迁在《史记》中对这段精彩的离间计是这样描述的：

（项王）使使至汉，汉王为太牢具，举进。见楚使，即详惊曰："吾以为亚父使，乃项王使！"复持去，更以恶草具进楚使。楚使归，具以报项王，项王果大疑亚父。

从此之后，项羽在谈论重要事情的时候，都刻意回避范增，担心被范增知道，而范增观察了一段时间之后，也就明白项羽已经对自己产生怀疑，范增明白项羽的性格，跟他解释毫无用处，于是请辞回家养老去了，项羽听说后没有丝毫挽留，范增悲伤离去，后来含恨逝去。

自此之后，项羽彻底失去能够跟自己说真话、出主意的人了，这也就意味着，项羽距离失败已经越来越近了。原本十分低级的一个离间计，很容易就能发现，为何项羽还会上当呢？实际上这就跟项羽和范增之间的关系有着很大的关系。

陈平的高明之处，并不在于能够想出那个离间之计，而是在于陈平能够从一些细节中洞察到项羽与范增之间微妙的关系，正是这种特殊的观察能力，让陈平在后来的人生中，总能化险为夷。

范增一死，项羽痛定思痛，一鼓作气，将刘邦逼得无路

可退。此时，刘邦的部下纪信又献计说："臣可以化装成大王的样子，诓骗楚军，大王乘机暗中出城。"

"那怎么行，项羽见到你，一看不是我，还不得杀了你。"刘邦说。"大王，您就别考虑那么多了。自从认识您以来，您对我恩重如山，有时冒犯了您，也不加罪，我情愿为您一死。我，普通官兵一个，而您，是一方首领，汉军不能没有您，关中百姓不能没有您，天下人都期待着您能一统八方。以小人一命，而换来汉军之福，天下百姓之福，我虽死何憾！"纪信大义凛然地说。

纪信为什么这么说？这要从几年前的一个故事说起：刘邦刚入咸阳的时候，纪信和几个朋友到大街上闲逛，秦国刚投降过来的官员把他错当成了刘邦，硬要请到城里最好的馆子里撮一顿。纪信觉得好玩，就没有说破，而是和几个朋友一块儿跟人去了，人家问什么，他支支吾吾不置可否。这样的事当然纸包不住火，很快就传了出去，刘邦的手下拿着纪信就要治罪。刘邦知道后，说："将此人带上来看看。"

刘邦一见纪信，发现长得还真有点像自己，刘邦从前也是爱开玩笑的，便说："你小子也够大胆的，要是我媳妇来了，你可不能再冒充了。"转头对手下说："没什么大不了的，放了他吧。"纪信深感刘邦不杀之恩，以后在军中一直很卖力，慢慢做到了副将军，还是刘邦少有几个能说笑打趣

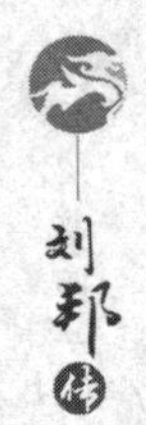

的人之一。

此时刘邦看到纪信要替自己去死，自然很感动，但又觉得人都是一命，何苦为了自己让别人受累。因此，他坚决不同意。没想纪信一股傻劲上来，非要再冒充一回刘邦，哪怕是去赴死！他拔出剑来决绝地说："大王，您要是不同意，我宁愿死在您的面前！"张良、陈平在侧，就劝刘邦："大王，这样也未尝不可，纪将军如此忠肝义胆，您就答应了他吧。"

刘邦说："我答应了他，现在楚军围得里三层外三层，我也没法出去啊，岂不是让他白白去送死！"这时陈平已想出了办法，就对刘邦说："只要您同意这样做，到时我自有办法让楚军上当。"刘邦自上次陈平暗施反间计离间了项羽君臣，觉得陈平还是能办成事的，就说："好吧，就任凭你们去办吧。"

过了几天后，荥阳城中不时传出粮食告急的消息，还时有百姓因为撑不住饿，垂绳逃到了城外。楚军发现，就把他们带到项羽和钟离昧跟前问话："你们为什么要逃出来啊？"答："城中没有吃的了，连树皮草根都吃光了，请老爷们救救我们吧！"项羽一听大喜，心想刘邦这次只有死路一条了，指示钟离昧加紧围城。城中外逃的人越来越多，也有越来越多的人说刘邦准备投降。项羽和钟离昧分析，这极有可能是因为楚军已围城多日，城中没有粮食，刘邦现在只有这条路可走。

陈平这些日子加紧派出人马到百姓中招募女兵，短时间内就聚集了两千多人。城中百姓现在确实都饿得很厉害了，听说到部队还有点吃的，巴不得让女孩子都去当兵。陈平对她们训话："现在待在城中也是饿死，出路只有一条，就是向楚军投降。汉王要带着你们一块去，把你们嫁给楚军。你们要是愿意，就发给你们每人家里二斤粮食。要是不愿意，现在就可以回家。"

人到快饿死的时候了，哪还会顾虑那么多。况且这些女孩子家里爹娘兄弟差不多都饿得只剩一口气了，现在到楚军那里不仅有饭吃，还给家里粮食，哪有不答应的。一切准备停当，陈平让装扮成百姓逃出去的士兵到楚军中说："汉王不久就要投降，还准备带两千个美女来慰问楚军，希望楚军见了他不要杀他。"还说："这些女子个个都是宫中绝色，谁先抢到手就是谁的。"楚军听了这个消息人人都喜形于色，心痒难忍，巴不得汉王立刻来降。

楚军越是盼望刘邦来降，刘邦越是迟迟不来，而是不断地放出风来，说城中如何困难，汉王担心投降后会受到楚军虐待等，借以麻痹楚军。待这些话在楚军传得无人不知了，

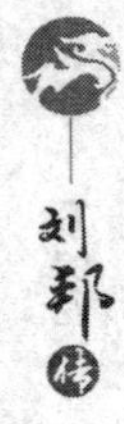

陈平觉得时候已到，就派出使者带领两个绝色女子来见钟离昧，说："汉王有心来降，但怕霸王和将军见了他不能容忍，所以迟迟不敢行动。今特挑选两个绝色女子献给将军，希望将军能够通融一下，并到项王那里给讲一下情，说汉王知罪，希望能免于一死，如果霸王和将军能不计前嫌，法外施恩，汉王即刻来降。"

于是，这天夜里，纪信穿上刘邦的锦衣华服，乘坐刘邦平时的马车往城门而去。城门打开，首先放出来很多美女，后面跟随着两千将士，汉军高呼："城中没粮草了，汉王出来投降了。"楚军听罢，激动万分，而此时，刘邦则带领主力军十万人马，从另外一个城门逃脱。项羽赶来时，发现所谓"汉王"不过是纪信冒充的，瞬间大怒，将纪信烧死，不久，荥阳被项羽占领。

刘邦在逃出荥阳城后，往九江与黥布会合，进入成皋（今属河南省荥阳市），在这里与楚军进行了又一次交锋，大败，后刘邦逃脱至修武（今属河南省焦作市），张耳和韩信前来支援，再与楚军在巩（今河南省巩县）交战，此次获胜。至此，楚军西进的步伐才被阻止。与此同时，彭越越过黄河，杀了楚将薛公，项羽又出兵攻打彭越，彭越兵败，此时的项羽就是哪里有火，就去哪里灭火，面对此起彼伏的战事，虽然他收复了一些失地，但是精力也损耗过多，这为他

后来的兵败埋下了隐患。

汉军与楚军在广武（今山西省光武县）附近安营扎寨，两军对垒数月，为了打击项羽，彭越在梁地（今河南开封一带）不断骚扰项羽的后方，将项羽的粮草从后方切断，这让项羽很苦恼。而此时，经过修整和各路人士的帮助，刘邦在实力上已经与项羽旗鼓相当了，而项羽则腹背受敌，此时，他使了一个下下策——这一计在《项羽本纪》中有记载：

当此时，彭越数反梁地，绝楚粮食，项王患之。为高俎，置太公其上，告汉王曰："今不急下，吾烹太公。"汉王曰："吾与项羽俱北面受命怀王，曰'约为兄弟'，吾翁即若翁，必欲烹而翁，则幸分我一杯羹。"项王怒，欲杀之。项伯曰："天下事未可知，且为天下者不顾家，虽杀之无益，祇益祸耳。"项王从之。

他做了一张高腿案板，把汉王刘邦的父亲太公搁置在上面，向汉王宣告说："现在你如果不赶快投降，我就把太公煮了。"汉王说："我和项羽你作为臣子一块接受了怀王的命令，曾说'相约结为兄弟'，这样说来，我的父亲也就是你的父亲，如果你一定要煮了你的父亲，那么就希望你能分给我一杯肉汤。"

刘邦这样说可真是激怒了项羽，他原本打算杀了刘邦之父，但此时项伯出来劝说："志在天下的人，又怎么可能为

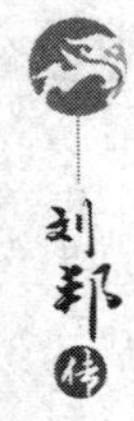

家人妥协呢？即便你他杀了他的父亲，也于事无补。”项羽觉得项伯所言极是，便放了刘邦之父，但是一时半会儿也找不到更好的办法来攻破汉军。

楚汉两军就这样一直僵持着，谁也不肯妥协，而这样的拉锯战对民众是极大的损耗，青壮年男子都要去兵营服役，而老弱病残也要搬运物资，无人从事生产，百姓受战火荼毒，可谓民不聊生。

打又打不过，劝又劝不降，见刘邦软硬不吃，项羽无计可施，思考了一阵后，隔着山涧请求似的冲着刘邦喊：“天下匈匈数岁者，徒以吾两人耳，愿与汉王挑战决雌雄，毋徒苦天下之民父子为也”（《史记·项羽本纪》）。意思是说，如今天下混乱了好几年，都是因为你和我二人争斗，为了不让天下百姓白白受苦，我想跟汉王你单挑，以此决定胜负，胜了独霸天下，败了回家种地。

为了速战速决，项羽自恃武功盖世，竟不惜在两军阵前发飙，想一两招就将刘邦结果掉。项羽真是急眼了！试想，凭刘邦那两下子，哪是项羽的对手？面对带有嘲讽性质的挑衅，刘邦神色自若，笑着冲项羽说了八个字：“吾宁斗智，不能斗力”（《史记·项羽本纪》）。意思是说，我只跟你斗智谋，不跟你斗勇。言外之意，项羽你不是武功很高吗，我偏不跟你单挑，看你如何？

项羽一听不由怒上心头，发疯似的一支冷箭正中刘邦前胸。刘邦故意弯腰摸脚说："哎呀，蛮子射中我脚了。"说完便倒在地上。其实，刘邦伤得很重，几乎下不了床。张良却要刘邦强忍创伤起来巡视军队，除了安定军心外，更为了不让项羽知道刘邦伤重而乘机进攻。双方对峙十个月后，项羽粮草用尽，将士疲乏，最后与刘邦约定，以鸿沟为界，分割天下，西边属汉，东边归楚。项羽还送还了曾为人质的刘邦的父亲和老婆吕雉。

鸿沟之约后，双方偃旗息鼓，项羽率兵东去，刘邦也想西还。

后来，张良、陈平谏言："如今楚军正是兵疲粮绝之时，现在正是我大汉亡楚的最佳时机，不如趁这个时候一举攻打楚军，如果这次放过楚军，等他们积攒实力，再想起兵攻打，就麻烦了呀！"刘邦采纳了此二人的建议，于是发兵追击项羽的部队，并与彭越、韩信约定在固陵（今河南淮阳县柳林一带）共同伏击楚军。当刘邦的大部队已经到达约定地点时，韩信、彭越还没有到，此时，张良说："眼下楚军日薄西山，韩信和彭越他们还没有分到土地，他们不来会合也能理解，您如果提前与他们订立协议，瓜分天下，他们想必即刻就来。"刘邦觉得张良言之有理，即刻给韩信、彭越写信，差人送给他们，内容大致是破楚以后，陈地以东到海

边的土地归齐王韩信，睢阳以北到谷城的土地归相国彭越。在看到刘邦的态度后，二人果然即刻出兵，一路上攻打楚军，直到垓下（今安徽省灵璧县东南），项羽手下的大司马周殷也变节臣服了刘邦，来到垓下，围攻楚军。

四面楚歌与乌江自刎

项羽退至垓下，筑垒安营，整顿部队，恢复军力，此时楚军尚有约十万人。但此时，兵少粮尽，汉军及诸侯兵把他团团包围。深夜，听到汉军在四面唱着楚地的歌，项王大为吃惊，说："难道汉已经完全取得了楚地？怎么楚国人这么多呢？"

项王连夜起来，在帐中饮酒。有美人名虞，一直受宠跟在项王身边；有骏马名骓（zhuī），项王一直骑着。这时候，项王不禁慷慨悲歌，自己作诗吟唱道："力拔山兮气盖世。时不利兮骓不逝。骓不逝兮可奈何！虞兮虞兮奈若何！"项王唱了几遍，美人虞姬在一旁应和。项王眼泪一道道流下来，左右侍者也都跟着落泪，没有一个人能抬起头来看他。

于是项王骑上马，部下壮士八百多人骑马跟在后面，趁夜逃出汉军包围，向南冲出，飞驰而逃。天快亮的时候，汉军才发觉，命令骑将灌婴带领五千骑兵去追赶。项王渡过淮

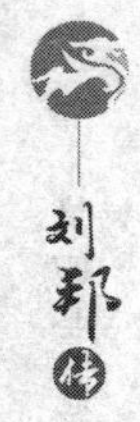

河，部下壮士能跟上的只剩下一百多人了。项王到达阴陵，迷了路，去问一个农夫，农夫骗他说："向左边走。"项王带人向左，陷进了大沼泽地中。因此，汉兵追上了他们。项王又带着骑兵向东，到达东城，这时就只剩下二十八人了。汉军骑兵追赶上来的有几千人。项王自己估计不能逃脱了，对他的骑兵说："我带兵起义至今已经八年，亲自打了七十多仗，我所抵挡的敌人都被打垮，我所攻击的敌人无不降服，从来没有失败过，因而能够称霸，据有天下。可是如今终于被困在这里，这是上天要灭亡我，绝不是作战的过错。今天肯定得决心战死了，我愿意给诸位打个痛痛快快的仗，一定胜他三回，给诸位冲破重围，斩杀汉将，砍倒军旗，让诸位知道的确是上天要灭亡我，绝不是作战的过错。"于是把骑兵分成四队，面朝四个方向。汉军把他们包围起几层。项王对骑兵们说："我来给你们拿下一员汉将！"命令四面骑士驱马飞奔而下，约定冲到山的东边，分作三处集合。于是项王高声呼喊着冲了下去，汉军像草木随风倒伏一样溃败了，项王杀掉了一名汉将。这时，赤泉侯杨喜为汉军骑将，在后面追赶项王，项王瞪大眼睛呵斥他，赤泉侯连人带马都吓坏了，倒退了好几里。项王与他的骑兵在三处会合了。汉军不知项王的去向，就把部队分为三路，再次包围上来。项王驱马冲了上去，又斩了一名汉军都尉，杀死有百八十人，

聚拢骑兵，仅仅损失了两个人。项王问骑兵们道：“怎么样？”骑兵们都敬服地说：“正像大王说的那样。”

这时候，项王想要向东渡过乌江。乌江亭长正停船靠岸等在那里，对项王说：“江东虽然小，但土地纵横各有一千里，民众有几十万，也足够称王啦。希望大王快快渡江。现在只有我这儿有船，汉军到了，没法渡过去。”项王笑了笑说：“上天要灭亡我，我还渡乌江干什么！再说我和江东子弟八千人渡江西征，如今没有一个人回来，纵使江东父老兄弟怜爱我，让我做王，我又有什么脸面去见他们？纵使他们不说什么，我项羽难道心中没有愧吗？”于是对亭长说：“我知道您是位忠厚长者，我骑着这匹马征战了五年，所向无敌，曾经日行千里，我不忍心杀掉它，把它送给您吧。”命令骑兵都下马步行，手持短兵器与追兵交战。光项羽一个人就杀掉汉军几百人。项王身上也有十几处负伤。项王回头看见汉军骑司马吕马童，说：“你不是我的老相识吗？”马童这时才跟项王打了个对脸儿，于是指给王翳说：“这就是项王。”项王说：“我听说汉王用黄金千斤，封邑万户悬赏征求我的脑袋，我就把这份好处送你吧！”说完，自刎而死。王翳拿下项王的头，其他骑兵互相践踏争抢项王的躯体，由于相争而被杀死的有几十人。最后，郎中骑将杨喜，骑司马吕马童，郎中吕胜、杨武各争得一个肢体。五人到一

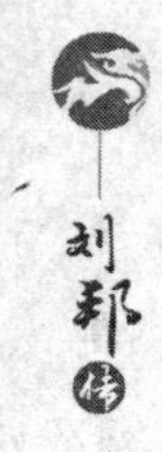

块把肢体拼合，正好都对。因此。把项羽的土地分成五块；封吕马童为中水侯，封王翳为杜衍侯，封杨喜为赤泉侯，封杨武为吴防侯，封吕胜为涅（niè）阳侯。

项王已死，楚地全都投降了汉王，只有鲁县不降服。汉王率领天下之兵想要屠戮鲁城，但考虑到他们恪守礼义，为君主守节不惜一死，就拿着项王的头给鲁人看，鲁地父老这才投降。当初，楚怀王封项羽为鲁公，等他死后，鲁国又最后投降，所以，按照鲁公这一封号的礼仪把项王安葬在谷城。

自此，各诸侯国尊刘邦为首领，刘邦距离加冕只有最后一点距离了。

第五章 巩固皇权

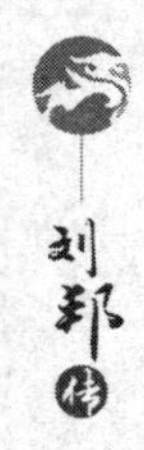

顺应民心，登基称帝

项羽乌江自刎后，楚军也溃不成军了，这些残部降的降，逃的逃，曾经名噪一时、叱咤九州的江东子弟兵迅速冰消瓦解，终究成了一段历史。楚汉争霸之时，天下只有两股强劲的势力，项羽带领的楚军和刘邦的汉军。现在，楚军灭亡，天下也只有刘邦的汉军了，而刘邦手下的那些诸侯们，也都是“识时务者”，不再与刘邦一争高下了。大家都明白，现在天下已经在刘邦手中，项羽这等枭雄最后都成为了刘邦的剑下亡魂，更别说他们这些实力弱小的了，如果再反抗，真是有违天意了。再说，天下战火纷飞，人们饱受战争之苦已经很多年了，百姓们也不愿意再继续打了，黎民百姓们急需要有个人带领他们过上安稳幸福的生活。

天下人心归一，万众瞩目在刘邦一人，于是，大势所趋，他宣布：“秦末战乱以来，民不聊生，百姓苦于战乱，如今天下安定，再无兵戈之争，我宣布：‘大赦天下’。”这句话响应了百姓心中的期盼，让百姓们看到了希望。

公元前202年二月，新受封的楚王韩信和梁王彭越联合原来的燕王臧荼、赵王张敖以及长沙王吴芮共同上书刘邦，请刘邦即位称帝。

奏章内容是这样的："起初秦王无道，天下诛之，大王您先擒获秦王，平定关中，论功劳您当数第一，你救万民于危难之中，这是莫大的功德，对于将领中的有功之人，您又封王晋爵，让他们拥有自己的封地，如今他们已成为诸侯王，这与您的'汉王'地位没有悬殊，这样，大王您的功勋就将被埋没了，所以臣等冒死请求您即皇帝位。"

刘邦开始假意推辞："要论出谋划策，决胜于千里之外，我不如张良；要论治理国家，安抚百姓，筹集粮饷，我不如萧何；要论带兵打仗，战必胜，攻必取，我不如韩信。这三个人都是人杰，我能用他们，这是我能够得到天下的重要原因。项羽有一个范增而不能好好使用，那是他失败的原因。"

韩信他们说："大王虽然出身贫寒，但能率领众人扫灭暴秦，诛杀不义，安定天下，功劳超过诸王，您称帝是众望所归。"

刘邦顺水推舟地说："既然你们大家都这样看，觉得有利于天下吏民，那就按你们说的办吧。"

几天后，刘邦在山东定陶（今山东省菏泽市定陶区）

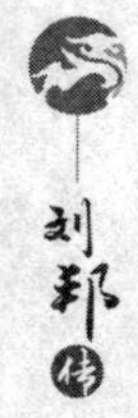

汜水之阳举行登基大典，定国号为汉，这是中国继秦朝之后的第二个统一的封建王朝——汉朝，刘邦就是汉朝的开国皇帝，也就是汉高祖。

在当上皇帝后，首先受其荫惠的是其家人，吕雉被册封为皇后，刘盈为太子，其二哥刘仲、四弟刘交和其他兄弟也有封赏。但是却没有大哥刘伯家的封赏，按照常理，大哥刘伯虽然已故，但作为家中的长子，其子孙亲眷应该得到庇荫，最不济也应该得到一些财物上的照顾。之所以如此，还要追溯到刘邦“无业游民”时被大嫂家欺负的故事。那个时候的刘邦不务正业，喜欢到处蹭吃蹭喝，而每次刘邦到大嫂家来的时候，大嫂都会将家里的饭锅敲得嘎嘎作响，以此来轰走刘邦。虽是陈年旧事，但是刘邦此人爱记仇，这一记就是一辈子，如今刘邦荣登大宝，怎会容大哥大嫂家来分一杯羹？但是此乃家丑，不可外扬，刘邦也不能让外人落了口实，所以后来在父亲的劝和下，刘邦还是勉强给了刘信一个“羹颉侯”，领舒、龙舒两县。

其实，这个“羹颉侯”是，嘲讽性封号。颜师古注：“颉，音戛，言其母戛羹釜也。”

刘信在封地兴修水利，建七门堰，为安徽古代重要的水利工程。该堰位于今舒城县新街乡七门堰村的七门山下。

汉初，韩王信反，信以郎中将击信，功。然因其母得罪高祖于微时，故不得封。太上皇见之，怜之，亲为之请，方勉强封这一嘲讽性封号。

大凡人发了迹，周围都是利害，真心难见，性情的流露，往往显现在对往事的回忆当中。刘邦对于旧事，是一一记了账的，一顿饭的恩怨，他要报回来，当年难堪受的气，如今要还回去，倒是很有一点天真的人情。

二哥刘仲同大哥刘伯是同一类型的人，也是勤苦耕耘，小康殷实。刘伯死后，太公将刘家的希望和自己未来的依托，寄望在了刘仲身上。刘季起兵后，刘仲没有跟随，一直留在老家侍候供养刘太公，大概后来也同太公、吕后等一同被项羽扣押于军中做了人质，很是受了些苦，直到高帝五年，楚汉和谈成功才被释放。

刘邦做了皇帝后，刘仲改名刘喜，被封作代王，酬谢他看家养老的功劳。刘喜生产持家是个本分人，实在不是做国王的料。代国在现在的山西省北部，邻近匈奴。刘喜做了代王不到一年，匈奴兵打来，他就弃国逃到首都洛阳。虽说没有被深究定罪，做国王是不合适了，经过赦免，降级封为郃阳侯，衣食租税，安安稳稳地在领地上过日子。刘喜于惠帝二年死去，比刘邦多活了两年。刘喜碌碌一生，没有什么值得多说的事，他的儿子刘濞，就是景帝时期掀动七国叛乱的吴王，在历史上却是声名昭著。

当然，刘邦没有忘记那些陪着他出生入死的兄弟们，所以在称帝后第一时间也将这块巨大的“蛋糕”分给了他的兄弟们：萧何被封为酂侯，曹参被封为平阳侯，樊哙被封为舞阳侯，夏侯婴被封为汝阴侯，张良被封为留侯，陈平被封为曲逆侯，灌婴被封为颍阴侯……加上之前就分封的楚王韩信、韩王信、淮南王英布、梁王彭越、赵王张傲、燕王臧荼等人，许多人分享到了胜利果实。

的确，刘邦能建立大汉江山，最为关键的就是他拥有的这支团队，文臣有谋，武将有勇。这些都充分说明，他是中国历史上一个很会用人的皇帝。他知人善任，用人不疑。

在政权建立后的一次对功臣的论功行赏中，出现了这样一个小插曲：在刘邦论功行赏时，他给萧何的封地和赏赐是最多的，官是最大的，超过许多战功卓著的武将，他封萧何为侯，食邑八千户。

刘邦一宣布自己的行赏决定，众诸侯不乐意了，他们纷纷抗议道：“我们披坚执锐出生入死，打的仗不计其数，身上到处是伤，立下汗马功劳，而萧何呢？他只不过是舞文弄墨、口发议论，就位居我们之上，这是为什么？”“真要论功劳，应该是跟随您身经百战的曹参大人论第一。”

刘邦静静地听完了这些武将们的牢骚话，然后不慌不忙地反问道：“我刘邦能有今天，确实在座的各位都是有功之臣，大家与我同生共死，过着刀口上舔血的生活。但是，你们这些人懂得打猎吗？”

刘邦冷不丁这么一问，众人不明就里，只好回答说：“知道一些。”然后你看看我，我看看你，不敢多说。

刘邦又问：“知道猎狗吗？”

大家回答：“知道。”

听到了肯定的回答，他就开始继续阐述自己的观点了：“我们在追杀猎物的时候，追杀野兽的是猎狗，而发现野兽所在地的是猎人。如今你们只是能捕获猎物，相当于猎狗的功劳，而至于萧何，他的功劳就相当于猎人。”

说到这里，刘邦发现大家似乎没听懂，稍微停顿了下，继续解释道：“至于萧何，他虽然不像猎狗那样亲自捕杀猎物，但是他却能发现猎物，且能指点你们如何猎杀猎物。再者，在座的诸位都是只身一人随我行军打战，而萧何全家十几口人，全部都跟随我，他的功劳是大家能比的吗？”

这样一番话下来，大家再也不敢吱声了。

那么，刘邦为何要重赏萧何呢？

这是因为萧何从刘邦在泗水亭做亭长开始就支持刘邦，且屡次为刘邦解困，而最重要的一点是，萧何思维灵活，具有很强的政治智慧，虽然他并没有亲自参与战场上的厮杀，

但是在各大战役中，尤其是后期的楚汉争霸战争中，如果没有萧何源源不断地补给供应，刘邦根本无法取得胜利。

战事不利，刘邦曾多次逃亡山东，萧何却一直坐守关中给予坚定的支持。所以说萧何为大汉的建立，起到了无可替代的作用。

所以说，刘邦是个赏罚分明的君王，且他善于说道理，深入浅出的一番话，将萧何的巨大功劳展现了出来，让后人听了，不由得不肃然起敬。

其实刘邦这样做，还有更深一层的意思。

此时，天下刚结束战火，在战乱期间，重赏之下必有勇夫，要让这些武将们奋勇杀敌，就必须给他们封王封爵，擢升大将，都是没办法的事情。但天下一统之后，国家的要务势必向休养生息、恢复建设、维护治安方面转移，所以，崇文抑武，必须提上议事日程。

因此，对萧何的功绩，一定要列为第一，通过一个评功评奖，让天下人都知道，大汉朝的工作重心已经不是带兵打仗，而是要发展民生了。

在完成了这些事宜后，功成名就的刘邦在定陶大摆酒宴，与他身边那些刚刚受封的兄弟们通宵畅饮，享受着辛苦得来的一切，营帐之中传出阵阵欢声笑语。至此，大汉王朝正式开启。

汉高祖趣闻

刘邦做了皇帝以后，还是和从前一样的做派：性格豪爽、不拘小节，带点儿“混”劲儿。一日，刘邦在宫中宴请家人和群臣，席间，刘邦畅饮后想到了打天下的那些过往，不禁说：“你们知道，我为什么能得到天下吗？大家可以直言不讳地说。”

众人不知道刘邦为什么突然要说这个，但既然皇帝开口了，也就敢说实话了：“虽然陛下您平日里傲慢而且喜欢侮辱人，项羽仁厚对人尊重，但陛下您在攻城略地后就会分封将领，您与天下人共富贵，而项羽嫉贤妒能，不能相信和任用贤才，属下为他拼杀，他也不记功，得了城池也不分封，寒了人心，所以失了天下。”

刘邦听完后哈哈大笑，说：“你们这是只知其一，不知其二，夫运筹帷幄之中，决胜千里之外，吾不如子房；镇国家，抚百姓，给饷馈，不绝粮道，吾不如萧何；连百万之众，战必胜，攻必取，吾不如韩信。此三者，皆人杰也，吾

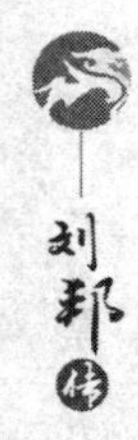

能用之，此吾所以取天下也。项羽有一范增而不能用，此其所以为我擒也。”

他这番话的意思是：“要说运筹建策于帷幄之中，而决胜于千里之外，那我比不上张子房；要说管理国家，安抚百姓，源源不断地保证物资和粮食供应，那我也不如萧何；至于统领百万大军，攻无不克，战无不胜，那我更比不上韩信。这三个人都是人中豪杰之士，我能够恰当地使用他们，这才是我能够夺取天下的根本道理。项羽有一个范增而不能信任，这才是他败给我的根本原因啊！”

刘邦这番话可谓经典，一语道破了他和项羽在用人方面的差距，不过，他这句话也能表明刘邦此时的意气风发。

不过此时，刘邦还未尽兴，接下来，他又走到自己父亲面前，对自己的父亲说：“父亲大人，当年你认为我游手好闲、没出息，也不置办家业，让我向二哥学习，多勤劳拥立，现在您觉得我跟二哥相比，谁更成功呢？”说完这些，刘邦更是乐从心中起，虽然刘太公面上尴尬，但也着实为儿子高兴，众人在听完这些后都捧腹大笑。

说到刘邦的父亲刘太公，还有一桩趣事：

自古以来，中国人看重孝道这个传统美德，百善孝为先的说法并不是说说而已！同样的地，在子女面前，父母也要有绝对的尊严，比如父不跪子的传统，也是由来已久，让父亲给儿子下跪，这是为天理不容的，但汉高祖刘邦却遇到了这样的困扰。

皇帝是九五之尊，全天下人见了皇帝都要行三跪九叩之礼。可以说，在中国，皇帝就是最至高无上的存在！

当时，刘邦刚刚打下天下，建立汉朝，他将曾经被项羽扣押作人质后又回老家的老父接到了身边，以表自己的孝心，但是，当刘邦父亲到来的时候，却遇到了一个难题，那就是刘邦的父亲见到自己到底该不该下跪。

如果下跪，就坏了中国人孝道的传统，这要是不跪吧，就坏了皇帝的传统，有损皇帝的尊严，这让刘邦犯了难，为此，在刘父被接到长安后，两人在很长的一段时间里都没有见面。

刚开始，刘太公不知道究竟发生了什么，自己的儿子将自己从老家接来享福的，但是为什么久久不与自己相见呢？这让刘父很是发愁，后来，刘太公的随从跟他说了事情的缘由后，刘太公便觉得自己的儿子打下了天下，自己跪一下也没什么，便让人去和刘邦说。

但是这个提议被萧何等大臣阻止了，后来，刘邦便想了个办法，既然父亲要给自己下跪的原因是他在名誉头衔上不如自己尊贵，那么，索性就给父亲一个头衔，让他在头衔上比自己的皇帝高上一辈不就完了？

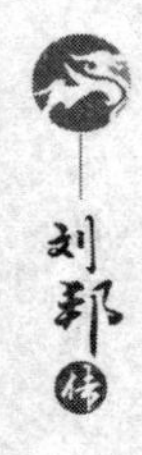

所以，刘邦就下谕旨，将刘太公封为了太上皇，地位尊贵度高于皇帝，只不过没有摄政之权，这样子，刘太公见到自己就不用下跪行礼，反而自己可以给父亲行孝礼，事情算是圆满地解决了。这个方法由于十分的便利，便被后世的皇帝所沿用，历史上也因此出现了好几位太上皇，给历史增添了趣闻。

刘邦在起兵前就喜欢喝酒、喜欢美女，当了皇帝后也没改，且这些方面得到了极大的满足，他封了吕雉为皇后，同时又娶了几位娇妻，整日与她们嬉笑打闹在一起，吕后自知也是无法收住丈夫的心，便睁一只眼闭一只眼。

在刘邦的宠姬中，就有一个叫戚姬的人。后被人称为戚夫人。

刘邦的情感生活我们稍后再说，我们再看刘邦与臣子相处，依旧是没有分寸，全无半点君臣之礼。

在刘邦喜欢的臣子中，有一个叫周昌的人，周昌也是从沛县起兵时就追随刘邦，虽比萧、曹、樊等稍逊些，但与刘邦的私交，也非同一般。刘邦喜欢周昌，关键是他这个人不藏不掖，为人处事亮亮堂堂。汉立国，刘邦拜周昌为御史大夫，封汾阴侯。

人太耿直了，有时也难免让主子或上级尴尬。

这一天，原本是歇朝休假的时间，周昌有几句话，非

得马上说给皇帝听不可，于是急如星火地闯进宫。迎头正要奏事，周昌猛地发现，刘邦抱着戚夫人正亲热呢。瞧这个寸劲，打扰了天子的好事！周昌扭头就走，心想我佯装没看见，陛下你继续乐你的便是了。

这边周昌疾步欲离开，不料身后的高祖刘邦推开宠妃，跑着追了上来，一把从背后推倒周昌，跨腿骑在了他的脖子上，摁住周昌问：你小子都看到了，你老实交代，在你眼里，我是个什么样的皇帝？周昌知道这是刘邦为了遮臊，故意跟他开玩笑呢，但还是心里咋想就咋说："陛下你就是个桀纣那样的荒淫暴君。"刘邦听罢，哈哈大笑起来，放开了周昌。一场尴尬就这样化解了。

经此一事，刘邦更喜欢周昌了，喜欢他有什么就说什么。

刘邦因宠幸戚夫人，动了废太子刘盈改立赵王如意的念头，周昌极力反对。有一天君臣俩在一块儿又谈起此事，周昌都急眼了。周昌因为平时有些口吃，情急之下更是青筋暴露、语不连贯，他道："但我期……期期……期期认为不……不……不行；陛下若……若真……真废太子，我期期……期期宁……宁死不……不遵命！"意思是："臣口不能言，然臣期期知其不可；陛下虽欲废太子，臣期期不奉诏！"

高祖欣然而笑，不仅没觉着周昌冒犯自己，反而被他急

赤白咧的真诚打动，欣然大笑起来。为这事，吕后事后下跪向周昌表示谢意，周昌心说："我是为的汉家江山又不是为的你！"

不只是刘邦，汉朝的武将们也是粗人出身，受过教育的很少。每次宴请群臣，在富丽堂皇的汉朝大殿上，这些臣子们大呼小叫、嬉戏打闹，有的喝醉了还对刘邦直呼其名，有的还在大殿内舞起剑来。

叔孙通知道皇帝越来越讨厌这类事，就劝说道："夫儒者难与进取，可与守成。臣原征鲁诸生，与臣弟子共起朝仪。"刘邦说："得无难乎？"叔孙通说："五帝异乐，三王不同礼。礼者，因时世人情为之节文者也。故夏、殷、周之礼所因损益可知者，谓不相复也。臣原颇采古礼与秦仪杂就之。"刘邦说："可试为之，令易知，度吾所能行为之。"

叔孙通就与征来的三十人一起向西来到都城，他们和皇帝左右有学问的侍从以及叔孙通的弟子一百多人，在郊外拉起绳子表示施礼的处所，立上茅草代表位次的尊卑进行演练。演习了一个多月，叔孙通说："上可试观。"皇帝视察后，让他们向自己行礼，然后说："吾能为此。"于是命令群臣都来学习，这时正巧是十月，能进行岁首朝会的实际排练。

百废待兴的汉朝

刘邦在建立汉朝后，就何处定都的问题，他与臣子们有了分歧，一位叫娄敬的大臣劝刘邦说："都关中。"刘邦尚对此心有疑虑。左右的大臣都是关东地区的人，多数劝刘邦定都洛阳，他们说周朝定都洛阳，拥有天下数百年；秦朝定都关中，到秦二世就灭亡了。洛阳位居"天下之中"，便于四面八方的物资供给，而且四周群山环绕，背靠邙山，东有成皋，西有崤函，背对黄河，面向伊水和洛水，土地肥沃，地势险要，形势完固，足以设险守国。

张良说："洛阳虽有此固，其中小，不过数百里，田地薄，四面受敌，此非用武之国也。夫关中，左崤函，右陇蜀，沃野千里，南有巴蜀之饶，北有胡苑之利，阻三面而守，独以一面东制诸侯。诸侯安定，河渭漕挽天下，西给京师；诸侯有变，顺流而下，足以委输。此所谓金城千里，天府之国也，娄敬之说是也。"于是刘邦当即决定起驾，往西定都关中，并拜娄敬为郎中，赐刘姓。

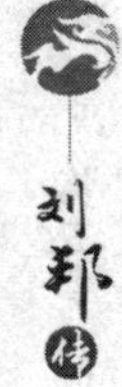

定都长安后，刘邦就该着手修建宫殿了，但刘邦怎么好意思修建呢？因为秦朝的灭亡就与大肆修建宫殿有关，汉朝这时候要是修建宫殿，不等于自掘坟墓吗？但刘邦的心思萧何怎么能想不到呢？

所以刘邦来未央宫看修建工程的时候，心里虽然喜欢富丽堂皇的建筑群，但嘴上还是说："天下匈匈苦战数岁，成败未可知，是何治宫室过度也？"这句话的意思是，天下连年战争，成败还不知道，怎么能够大肆修建宫殿呢？刘邦可是知道秦朝的灭亡与劳民伤财有关的。

萧何给了一个很巧妙的回答："就是因为天下还未安定，才要在此时修建宫殿，况且陛下以四海为家，如不修建得壮丽，怎么能显示您作为天子的威严呢？并且，现在修好宫殿，以后就不用再修建了。"萧何的解释恰到好处，令刘邦满心欢喜。

不过，刘邦在这一帮开国元勋中算是中国历史长河中比较节俭的，这要从他们的出身说起，他从一届莽夫到如今的一国之君，虽曾任泗水亭亭长，但也是个名不见经传的小官，再说萧何、曹参，也只是县府小吏，樊哙是屠夫，周勃是吹鼓手，夏侯婴是喂马的车夫，灌婴是个布贩子，其他如陈平、骊食其、骊商、周昌等人也都是贫民，韩信还曾为一日三餐犯愁，而其中出身最好的当属张良，其次是北平侯张苍，做过秦朝的御史，这样的一些“布衣”组成了一个新的国家，这在以前的历史上是绝不存在的，这是一种全新的政治模式，后来人们称之为“汉初布衣将相之局”。也正是因为这些王侯将相出身于“布衣”，才更能体会民生之多艰，他们对百姓的需求有更为深刻的认识，所以他们日常生活中虽然大大咧咧，但也保持着艰苦朴素的作风。

另外，在人才选拔和政治上，汉初也采取了更为活跃轻松的方式，这对于经济的恢复和发展都是大为有益的。

刘邦称帝后，将士兵都遣散回家。下令各诸侯子弟留在关中的，免除赋税徭役十二年，回到封国去的免除赋税徭役六年，国家供养他们一年。凡民以饥饿自卖为奴婢者，皆免为庶人。

汉高帝十二年（公元前195年）二月，他又连下二诏，布告天下，朝廷立意要轻徭薄赋。而各郡国对朝廷贡献过多，于是下诏规定数额，并规定进奉日期是每年的十月。

汉初实行的十五税一制，更是轻徭薄赋政策的明显例证。

刘邦早年放荡不羁，轻视儒生，称帝以后，仍认为读书无用。儒生陆贾在刘邦面前必言《诗经》《书经》。刘邦破口大骂说：“老子骑在马上得了天下，哪用得着《诗》《书》！”陆贾据理力争地说：“马上得之，宁可以马上治

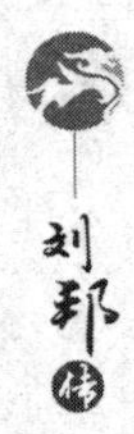

乎？且商汤、周武王逆取而以顺守之，文武并用，长久之术也。昔者吴王夫差、智伯极武而亡；秦任刑法不变，卒灭赵氏。乡使秦以并天下，行仁义，法先圣，陛下安得而有之？”刘邦虽然有点尴尬，但还是对陆贾说：“试为我著秦所以失天下，吾所以得之者何，及古成败之国。”于是命陆贾论述国家兴衰存亡的征兆和原因，共写十二篇。每写完一篇就上奏给刘邦，刘邦无不称赞，左右群臣皆高呼万岁，他称这部书为《新语》。

后来刘邦因为平定英布叛乱回途路经山东，还亲自准备祭品，祭祀了孔子。

刘邦称帝后，鉴于全国新形势，感到：“三章之法，不足以御奸。”于是令萧何参照秦朝法律：“取其宜于时者，作律九章。”萧何在保留《秦律》六章的基础上，补充了《户律》《厩律》《兴律》三章，史称《九章律》。

汉高帝七年（公元前200年），长乐宫已经建成，各诸侯王及朝廷群臣都来朝拜皇帝，参加岁首大典。当时的朝仪是：天亮时，由谒者掌礼，来访者依次进入殿门。宫中设有车骑、步卒守卫，以及兵器、旗帜等。殿上传言：“趋”。殿下郎中侠陛，陛数百人入殿。功臣、列侯、将军及其他军官在西列队，向东而立；文官自丞相以下在东列队，向西而立。大行依爵位高低宣示来宾上殿。于是皇帝乘辇出房，百官手执帜，宫内侍从坐在殿上，全部伏下，以来宾尊卑依次敬酒。九觞酒后，谒者宣布："罢酒"。御史在场内执法，见到不依礼仪的人便立刻把他带走，整个酒会过程中都没有人敢喧哗失礼。

大典之后，刘邦非常得意地说："吾乃今日知为皇帝之贵也。"于是授给叔孙通太常的官职，赐金五百斤。随叔孙通入京的儒生获汉高祖封为郎，另外叔孙通把赏赐所得全数分赠随行的儒生。

总的来说，刘邦也许算不上一个人格完美的帝王，但对于汉初的百姓来说，对于历史长河中的中华民族来说，确实是个名副其实的好皇帝。

兔死狗烹

在古今中外的历史上，历代王朝刚刚创建之时，总会上演几段兄弟相残的戏码，刘邦的天下是他和他的布衣兄弟们一起打下来的，这点就更明显了：原来大家出身相同，来自同一阶层，彼此知根知底，他们都了解彼此的实力，他们也没见刘邦哪里比他们优秀，而到如今，怎么刘邦成了一国之君，而自己却只是人臣呢？大家从心态上还无法适应和调整这样的事实。

朝堂上的文武官员首先就表现出不安分了，一次刘邦走在通往朝堂的路上，远远看见几个人围在一起窃窃私语，刘邦很是奇怪，便问同行的张良："依你看，这些人在议论什么？"

张良早就洞察这一切了，于是，故意吓唬刘邦道："他们在商议谋反。"这句话着实吓了刘邦一大跳："这天下不是刚刚才打下来吗，为何他们又要谋反？"

张良："陛下现今已经一统天下，正是给有功之臣封赏之时，但陛下至今所封赏的都是亲近的老臣，他们与陛下的私交都不错，但陛下对于与自己有过节的人大多都是杀戮殆尽。这些议论纷纷的将士们，主要是因为封赏可能轮不到他们，甚至还可能因为自身与陛下您发生过矛盾，反而丢了性命，如此还不如再造反一次。”

张良的一番话点醒了刘邦，他便开始向张良寻求解决之法，张良反问刘邦谁与他积怨最深，刘邦自然就想到了雍齿。于是张良告诉刘邦一定要留下雍齿，试想如果能够封赏雍齿，其他人必然会想到，连雍齿这样的都能够被皇帝饶恕，就让自己更加坚定了能够获得封赏的信念。

而对于刘邦和他的大汉朝来说，私人恩怨的放下，往往就会带来更好的结果。

虽然这一举措解决了近在眼前的朝中文武百官，但是远在四方的诸侯王也开始蠢蠢欲动起来了，这些诸侯们都是早年间与刘邦一起逐鹿中原的地方割据势力，或者是刘邦帐下最可依赖的军事大将，人人手里都握有兵权，甚至实力与刘邦不相上下，大家当初聚在一起也是为了打倒项羽，但从内心来说，是谁也不服谁的，如今天下已定，刘邦成了九五之尊，但这些拥兵一方的诸侯们谁愿意心甘情愿听你差遣呢？于是，等刘邦的皇位还没坐稳，这些诸侯们就开始不安稳起来了。

第一个造反的就是燕王臧荼。公元前202年，就在刘邦称帝后的第五个月，臧荼就开始起兵造反，其实，臧荼原本是燕王韩广的一名将军，项羽分封诸侯后，燕国被分为不平等的两部分，藏荼被封为燕王，占据燕国的最繁华的地方。老燕王韩广成了辽东王，占据的是苦寒之地。没有人能预料到藏荼带兵出去一趟后，回来就翻身做了主人。所以说，臧荼是经过项羽一手提拔，才成为割据一方的诸侯的。

自楚汉争霸开始，韩信用强大的力量威胁臧荼，“聪明”的臧荼别无选择，只能背楚臣汉。当楚汉争霸激烈时，任何一方旗帜的变化都会产生重大影响，最后，臧荼不得不投降，但其实他和刘邦并不是一条心，他起兵谋反也就不足为奇了。

面对臧荼谋反，刘邦亲自征伐，不足两个月，臧荼就被刘邦擒获。

不过谋反一事并未就此结束，接下来造反的就是项羽旧将利几，不过利几势力弱小，不足为虑，很快被刘邦镇压。接下来，有人举报楚王韩信要谋反，韩信的能力一直不低于刘邦，这也是刘邦忌惮的，此时，刘邦不管事情真假，将韩信从楚王贬为淮阴侯。

公元前201年秋，北方匈奴铁骑大军大举进犯中原，韩王信的领地被匈奴人围攻，韩王信孤立难支，刘邦赶紧派援

军前往，但是还未等到原郡，韩王信竟投降了。这一投降，让刘邦花了几年时间去和匈奴周旋，最终收复失地，不过期间，刘邦差点丧命。

再说韩信，他被贬为淮阴侯之后，深知高祖刘邦畏惧他的才能，所以从此常常装病不参加朝见或跟随出行。韩信由此日益怨恨，在家中闷闷不乐。对于和绛侯周勃、颍阳侯灌婴等处在同等地位感到羞耻。一次韩信去拜访樊哙，樊哙行跪拜礼恭迎恭送，并说："大王竟肯光临臣下家门，真是臣下的光耀。"韩信出门后，笑道："我这辈子居然同樊哙等同列！"

刘邦曾经悠闲地和韩信谈论各位将军才能的高下，认为各有长短。刘邦问韩信："像我的才能能统率多少兵马？"韩信说："陛下不过能统率十万。"刘邦说："你怎么样？"回答说："我是越多越好。"刘邦笑着说："您越多越好，为什么还被我辖制？"韩信说："陛下不善于统领士卒而善于领导将领，这就是我被陛下辖制的原因。

陈豨被任命为钜鹿郡守，向淮阴侯辞行。韩信拉着他的手避开左右侍从在庭院里漫步，仰望苍天叹息说："您可以听听我的知心话吗？有些心里话想跟您谈谈。"陈豨说："一切听任将军吩咐！"淮阴侯说："您管辖的地区，是天下精兵聚集的地方；而您，是陛下信任宠幸的臣子。如果有

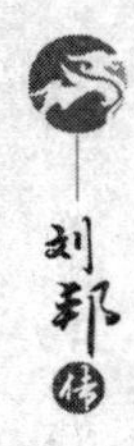

人告发说您反叛，陛下一定不会相信；再次告发，陛下就怀疑了；三次告发，陛下必然大怒而亲自率兵前来围剿。我为您在京城做内应，天下就可以取得了。”陈豨一向知道韩信的雄才大略。深信不疑，说：“我一定听从您的指教！”

汉十一年（公元前196年），陈豨果然反叛。刘邦亲自率领兵马前往，韩信托病没有随从。暗中派人到陈豨处说：“只管起兵，我在这里协助您。”韩信就和家臣商量，夜里假传诏书赦免各官府服役的罪犯和奴隶，打算发动他们去袭击吕后和太子。部署完毕，等待着陈豨的消息。他的一位家臣得罪了韩信，韩信把他囚禁起来，打算杀掉他。家臣的弟弟上书告变，向吕后告发了韩信准备反叛的情况。吕后打算把韩信召来，又怕他不肯就范，就和萧何谋划，令人假说刘邦平叛归来，陈豨已被俘获处死，列侯群臣都来祝贺。萧何命令武士把韩信捆起来，在长乐宫的钟室杀掉了。韩信临斩时说：“我后悔没有采纳蒯通的计谋，以致被妇女小子所欺骗，难道不是天意吗？”于是韩信三族被诛杀。

韩信被封“淮阴侯”的时候曾要求刘邦答应他“三不杀”——见天不杀，见地不杀，见铁器不杀。刘邦答应。但后来因为功高盖主，被吕雉（刘邦之妻）骗到宫中，以布袋困住，用竹签捅死，刘邦做到了当年答应韩信的三个条件。

刘邦从平叛陈豨的军中回到京城，见韩信已死，又高兴

又怜悯他，问："韩信临死时说过什么话？"吕后说："韩信说悔恨没有采纳蒯通的计谋。"刘邦说："那人是齐国的说客。"就诏令齐国捕捉蒯通。蒯通被带到，刘邦说："是你唆使淮阴侯反叛吗？"蒯通回答说："是。我的确教过他，那小子不采纳我的计策，所以自取灭亡。假如那小子采纳我的计策，陛下怎能够灭掉他呢？"刘邦生气地说："煮了他。"蒯通说："哎呀，冤枉啊！"刘邦说："你唆使韩信造反，有什么冤枉？"蒯通说："秦朝法度败坏，政权瓦解的时候，山东六国大乱，各路诸侯纷纷起事，一时天下英雄豪杰像乌鸦一样聚集。秦朝失去了他的帝位，天下英杰都来抢夺它，于是才智高超、行动敏捷的人率先得到它。跖的狗对着尧狂叫，尧并不是不仁德，只因为他不是狗的主人。正当这时，我只知道有个韩信，并不知道有陛下。况且天下磨快武器、手执利刃想干陛下所干的事业的人太多了，只是力不从心罢了。您怎么能够把他们都煮死呢？"刘邦说："放掉他。"就赦免了蒯通的罪过。

韩信是中国军事思想"谋战"派代表人物，被萧何誉为"国士无双"。刘邦评价曰："战必胜，攻必取，吾不如韩信。""王侯将相"韩信一人全任。"功高无二，略不世出"是楚汉之时人们对其的评价。作为统帅，他率军出陈仓、定三秦、擒魏、破代、灭赵、降燕、伐齐，直至垓下全

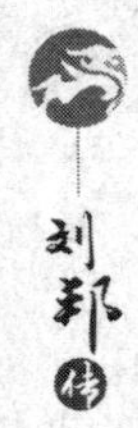

歼楚军，无一败绩，天下莫敢与之相争；作为军事理论家，他与张良整兵书，并著有兵法三篇。

韩信曾说："果若人言，'狡兔死，良狗烹；高鸟尽，良弓藏；敌国破，谋臣亡。'天下已定，我固当烹！"韩信功高必然盖主，有此悲惨结局，不得不说也是历史的必然。韩信的成功是由于萧何的大力推荐，韩信的败亡，也是萧何出的计谋。所以民间就由这个故事概括出"成也萧何，败也萧何"一句俚语。宋人洪迈的《容斋续笔》记录下这句话，并简单探讨了它的成因。

刘邦手下的这些诸侯们一个个起兵，最终都落得悲惨结局，这也吓坏了那些未曾有谋反之心的人，其中就有梁王彭越，镇压陈豨之际，刘邦让彭越带兵协助，但彭越却称病不能亲自带兵出征，刘邦派人前去责问，这一问着实让彭越心生恐惧，再联想到韩信的悲惨遭遇，他觉得可能自己就是下一个韩信了，他马上准备带兵出征。他的谋士扈辄告之："大王，一开始您称病不去，皇上数落您一顿，您立刻就去了，这就等于是说您原来就是装病，坐实了诚心消极怠工啊。到那儿皇上就得把您抓了，跟韩信一样。要我说啊，您不能去，但是您不去也过不了关，所以您造反吧。"

当然，彭越没有听这位谋士的话造反，但是继续装病，这样，刘邦派人暗中逮捕了彭越，刘邦原本也没打算杀彭

越，而是将他贬成老百姓，发到巴蜀之地居住。如果不是半道上碰见吕后，彭越也许还真能接着活下去。

碰到吕后之后，彭越诉说自己的委屈，让吕后为自己求情，称自己只要不去巴蜀之地，可以不做官，可是吕后却这样告诉刘邦："彭越可不是一般人，你给他扔到四川，还是个雷，不如斩草除根，杀了干净。"吕后说到做到，还发动彭越的仆人告发彭越又想造反，这样，彭越难逃一死。

彭越和韩信还真是有很多相似之处，前面都曾经要挟刘邦要封王，他们的死亡导火索都是陈豨造反，最后也都是死在吕后手里。

最后，就是淮南王英布（黥布）。

项羽死后刘邦称帝，淮南王英布成为异姓诸侯王之一。英布以六安为都城（今安徽省六安市），治下的地区包括九江、庐江、衡山、豫章等郡。汉十一年（前196年）吕后诛杀了淮阴侯，因此英布内心恐惧。这年夏天汉王诛杀了梁王彭越并把他剁成了肉酱，又把肉酱装好分别赐给诸侯。送到淮南时，英布正在打猎，看到肉酱，特别害怕，遂暗中起兵谋反。

军队向西挺进，在蕲县以西的会甀和刘邦的军队相遇。英布的军队非常精锐，刘邦就躲进庸城壁垒，坚守不出，和英布遥望，远远地对英布说："何苦要造反呢？"英布说：

"我想当皇帝啊！"皇上大怒，骂他，随即两军大战。英布的军队战败逃走，渡过淮河，几次停下来交战，都不顺利，和一百多人逃到长江以南。长沙哀王派人诱骗英布，谎称和英布一同逃亡，诱骗他逃到南越，因为英布原来和番县令通婚，所以英布相信他，就随他到了番阳，番阳人在兹乡百姓的民宅里杀了英布。

诸侯接二连三叛变，让年迈的刘邦焦头烂额，他发现，在权力面前，哪怕有过命的交情也会反目成仇，于是，他彻底去掉了让外姓人做诸侯王的资格，将自己的刘氏兄弟分派到各地，并制定了"非刘氏不得封王"的铁律。

白登之围

在刘邦新政权有“内忧”的同时，“外患”也出现了——北方的匈奴南下，开始威胁汉王朝的统治。

早在夏王朝时，匈奴就在北方渐渐发展起来，且因为匈奴民族的游牧习性，他们擅长骑马射箭、游击，“神龙见首不见尾”，难以捉摸。秦统一六国后，曾派蒙恬大将军率兵三十万攻击匈奴，收复了河套一带。

秦末汉初到楚汉争霸这些年，匈奴人休养生息、发展壮大，渐渐势力强大起来。冒顿单于杀死了其父头曼单于，自立为单于，并且统一了匈奴和部，使匈奴达到了前所未有的强盛。匈奴很快占领了河套平原的一些郡县，到汉初，甚至已经开始威胁到汉王朝的统治。

前面，我们提及韩王信曾投降匈奴。其实，刘邦在为韩王信划封地时就后悔了，因为韩王信的封地是战略要地，一旦失守，就会危及中原。于是，刘邦便以防御匈奴为名，将韩王信的封地迁至太原郡，以晋阳（今山西省太

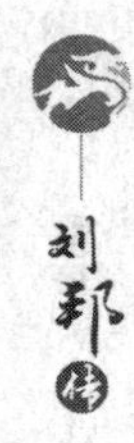

原市）为都。

不久，韩王信上奏，说晋阳离边疆太远，不利于守御，请求将王都迁到更北方的马邑（今朔州），得到刘邦批准。

韩王信与匈奴交战，败多胜少。汉高祖六年（公元前201年）秋，冒顿单于亲率军队，以十万铁骑围攻马邑，韩王信只得多次派使者与匈奴求和。

刘邦怀疑韩王信暗通匈奴，致书责备韩王信，韩王信担心会被诛，便与匈奴约定共同攻汉，以马邑之地请降。随后韩王信与匈奴挥师南下，攻下太原郡。

由于汉军节节胜利，产生了麻痹轻敌的思想。刘邦到达晋阳后，听说匈奴驻兵于代谷（今山西省繁峙县至原平市一带），于是先派人侦察冒顿虚实。而冒顿将其精锐士兵、肥壮牛马等隐藏起来，只显露出年老弱小的士兵和瘦弱的牲畜，派去的十余批使臣回来都说匈奴可以攻击。刘邦派刘敬（娄敬）再去出使匈奴，他回来报告说："两国交兵，这时该炫耀显示自己的长处才是。现在我去那里，只看到瘦弱的牲畜和老弱的士兵，这一定是故意显露自己的短处，而埋伏奇兵来争取胜利。我以为匈奴是不能攻打的。"这时汉朝军队已经越过了句注山，二十万大军已经出征。刘邦听了刘敬的话非常恼怒，骂刘敬道："齐国孬种！凭着两片嘴捞得官做，现在竟敢胡言乱语阻碍我的大军。"就用镣铐把刘敬拘禁起来押在广武县，准备凯旋后进行处罚。

刘邦率轻骑先到达平城（今山西省大同市），此时汉朝大军还未完全赶到。冒顿单于在白登山设下埋伏。刘邦带领兵马一进入包围圈，冒顿单于马上指挥四十万匈奴大军，将刘邦的兵马围困在白登山，使汉军内无粮草、外无援兵，不能相救。刘邦发现被包围后，组织突围，经过几次激烈战斗，也没有突围出去。之后，冒顿率领骑兵从四面进行围攻：匈奴骑兵西面的是清一色白马，东面是清一色青马，北面是清一色黑马，南面是清一色红马，企图将汉军冲散。结果，双方损失很大，一直相持不下。匈奴围困了七天七夜，也没有占领白登。

汉军在被围了七天后，粮食也快吃完了，饥寒交迫，危在旦夕。陈平看到冒顿单于对新得的阏氏（单于的妻妾）十分宠爱，朝夕不离。这次在山下扎营，经常和阏氏一起骑马出出进进，浅笑低语，情深意笃。于是陈平向刘邦献计，想从阏氏身上打主意。刘邦采用陈平之计，派遣使臣，乘雾下山向阏氏献上了许多的金银珠宝。

于是阏氏就对冒顿单于说：“军中得到消息说，汉朝有几十万大军前来救援，只怕明天就会赶到了。”单于问：“有这样的事？”阏氏回答说：“汉、匈两主不应该互相逼迫得太厉害，现在汉朝皇帝被困在山上，汉人怎么肯就此罢

休？自然会拼命相救的。就算你打败了他们，夺取了他们的城地，也可能会因水土不服，无法长住。万一灭不了汉帝，等救兵一到，内外夹攻，那样我们就不能共享安乐了。”冒顿单于问：“怎么办呢？”阏氏说：“汉帝被围了七天，军中没有什么慌乱，想必是有神灵在相助，虽有危险但最终会平安无事的。你又何必违背天意？”冒顿单于本来与韩王信的部下王黄和赵利约定了会师的日期，但他们的军队没有按时前来，冒顿单于怀疑他们同汉军有勾结，就采纳了阏氏的建议，打开包围圈的一角，让汉军撤出。当天正值天气出现大雾，汉军拉满弓安上箭，从已经解除包围的一角慢慢地走出，才得以脱险。

“白登之围”后，冒顿单于屡次违背汉朝与匈奴所订立的盟约，对边界进行侵扰劫掠活动。刘邦尽斩先前进言匈奴可击的十几名使臣，并赦免刘敬，封为关内侯，食邑两千户，号为建信侯。

刘邦为了休养生息，采纳刘敬的建议，要嫁长公主与匈奴和亲，吕后不答应，日夜哭泣，刘邦改以宗室女为公主，嫁给冒顿单于，并派刘敬作为使者陪同前往。此后，各自以长城为界，两国的关系得到暂时的缓和。

壮士暮年的情感生活

刘邦好不容易登上帝位，却为内忧外患奔波几年，此时，刘邦已经感到身心俱疲，国事已经够头疼了，再看看自己的家事，夫妻不和、继承人悬而未决，简直糟心透顶。

有人说，夫妻共患难易，同富贵难，这一点用在刘邦身上最为恰当，刘邦在称帝后确实封了发妻吕雉为后，但是却对这位妻子并没有多少感情，尤其是刘邦常年征战在外，与妻子聚少离多，两人成婚后，刘邦就在外面漂泊，家中大小事都是吕雉操持，谁知刘邦一走就是五六年。楚汉争霸时，项羽将吕雉抓去作人质，这一去就是两年四个月，可以说，吕雉为刘邦牺牲太多。可是当刘邦功成名就，她见到阔别已久的丈夫时，丈夫身边却已有红颜。这个女人就是我们前面说的戚夫人。

戚夫人，山东定陶人，是西汉初年擅长歌舞的名姬。戚夫人多才多艺，会鼓琴、歌唱，精于舞蹈。既会跳当时流行、刘邦又极喜爱的“楚舞”，又擅长“翘袖折腰之舞”。

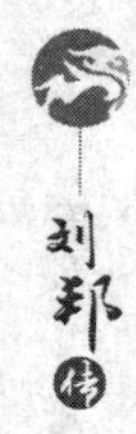

所谓“翘袖折腰之舞”，看来不是某个舞蹈的专名，而是一种以舞袖、折腰为主要动作的舞蹈，是注重腰功与袖式变化的舞蹈形式。从汉画像砖石所见，多为舞袖、折腰，这是当时常用的舞蹈动作。

刘邦常与戚夫人在宫中歌舞作乐。相传戚夫人侍女贾佩兰出宫后曾讲，每年正月十日，戚夫人等共入灵女庙，祭神歌舞，吹笛击筑，歌《上灵之曲》，接着“相与连臂踏地为节，歌《赤凤凰来》”。到了七月七日，“临百子池，作于阗乐。乐毕，以五色缕相羁，谓之相连爱。”这很像民间迎神赛会时群众性的娱乐歌舞活动，“相与连臂踏地为节”是人们手臂相连，一面唱歌，一面脚踏着拍子舞蹈，有如唐代的“踏歌”。

登位后，刘邦宠爱戚姬，渐渐冷落了陪他四处征战的结发妻子吕雉。戚夫人生有一子，名如意，被封为赵王，刘邦认为太子刘盈软弱，不像自己，想要改立如意。汉高祖十二年（公元前195年），刘邦病重，自知不久于人世，于是就想换立太子，但在张良的计策下，太子于一次宴会中请来闻名遐迩的贤人“商山四皓”相随，换立之事已不可能，刘邦无奈，召来戚夫人，指着“四皓”背影说：“我本欲改立太子，无奈他已得四皓辅佐，羽翼已丰，势难更动了。”说罢，长叹一声，戚夫人也凄楚不已，随后，刘邦让戚夫人跳楚舞，自己则借着酒意击筑高歌："鸿鹄高飞，一举千里。羽翼已就，横绝四海。横绝四海，当可奈何？虽有弓矢，尚安所施！"

刘邦死后，刘盈即位，即汉惠帝，吕后便做了太后。她做的第一件事，就是逼戚夫人穿上囚衣，戴上铁枷，关于永春巷舂米。戚夫人悲痛欲绝，乃作歌："子为王，母为虏，终日舂薄暮，常与死为伍！相去三千里，当谁使告汝？"吕雉知道后，以此为把柄，毒死了刘如意，下令剪去戚氏一头飘逸的青丝，并且将戚姬的手脚砍断，用两只月牙形的钳子夹出了戚姬的眼球，用香烛熏聋了她的耳朵，灌哑酒，关在厕所里，起名为"人彘"。

吕后还特地要她的儿子皇帝去看，刘盈得知"人彘"就是戚姬时，大惊失色，泪流满面，喃喃说道："太残忍啦！哪里是人做的事，太后如此，我还凭什么治理天下！"受不住惊吓，惠帝从此一蹶不振，天天借酒浇愁，不理朝政，只当了七年皇帝就病死了，年方二十四岁。说到赵王刘如意，这年不过十五岁，虽然名为封国之王，实际上年幼识浅，凡事都靠国相周昌主张。他自然也是吕雉铲除的对象。只是当年刘邦曾经郑重其事地向周昌托孤，吕雉征召了赵王三次，三次都被知道底细的周昌强硬地拒绝了。吕雉只好先召周昌，再召赵王。刘如意不敢拒绝，果然来

到长安。

吕雉虽狠毒，刘盈却天性善良，无论如何都要想法子保全弟弟的性命。所以打从刘如意踏进长安地域的那一刻起，他就亲自出城迎接，并从此与弟弟同食同寝，因此吕雉无从下手。刘盈每日有早起习射的习惯，年幼娇气的如意却无法坚持。刘盈心软，想想一时半刻也没什么要紧，就依了弟弟。可吕雉偏偏趁这半刻，鸩死了如意。

等到刘盈兴冲冲地回来，那温暖轻柔的床帐里，只剩下弟弟七窍流血的尸体。

高祖衣锦还乡

有人说，叶落归根，人一到年纪大的时候，就想要回故乡看看。刘邦是汉高祖，也是凡人，刘邦发现自己好多年没回沛县了，决定回去看看，一是自己现在荣登九五，衣锦还乡，二是暂且躲开那些糟心事，舒缓心情。

于是，刘邦带着庞大的仪仗队、乘坐奢华的车架，带着一行人浩浩荡荡出发了。坐在马车里，刘邦想起当年看秦始皇巡游时，自己不禁说了一句："大丈夫当如此。"而如今，自己也实现了这样的梦想，刘邦不禁又想起了项羽，他是一代枭雄，但最后也输得一败涂地，他暗自窃喜，只有自己是真命天子。

刘邦的车队还没到沛县，就听到百姓们对自己夹道欢迎了，人头攒动，大家都好奇这位新皇帝的庐山真面目，只听到人群中有人说："听说这个新皇帝就是老刘家的刘三……""刘三？"众人不敢相信，个个踮起脚尖看看，然后说："果然是他！"人群顿时沸腾起来了。

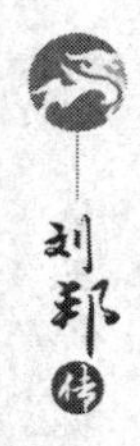

刘邦走下马车，看到那些熟悉的面孔和乡音，分外高兴，这些人里，不少是他的旧朋友、老相识，还有老乡，刘邦看到后分外亲切，刘邦告诉全县的父老乡亲们来行宫中赴宴。宴会上，刘邦与这些百姓开怀畅饮，痛快地聊从前的旧事、毫无顾忌地嬉笑怒骂，将压力和不快抛诸脑后。这样的宴席一请就是十几天，每天老百姓都会轮番来喝酒吃肉，刘邦也是忙得不亦乐乎。

登基五年来，刘邦从未这样轻松过，借着酒劲，刘邦写了几句歌词，边击筑边唱起来："大风起兮云飞扬。威加海内兮归故乡。安得猛士兮守四方！"唱到最后，刘邦突然震住了，前面第一句气势何等恢宏，第二句心情无比豪迈，但他自己也搞不明白，为何自己在最后要说"安得猛士兮守四方"，这首大风歌的曲调马上变得暗淡起来，他突然感伤，自己拼死拼活打下江山，以后谁来守卫呢？韩信反了，彭越反了，英布也反了，这些自己曾经最信任的人都离去了，自己还能信任谁呢？

思至此，刘邦愣住了。是啊，大汉江山谁又能托付呢？这一问题吕后曾问过刘邦："如果萧何不在了，谁能接替？""曹参。"刘邦脱口而出。吕后又问其次是谁，刘邦说："王陵可以，但是王陵尚且年轻，还不够火候，陈平可以帮助我，陈平智慧超群，但是无法独当一面，周勃为人宽

厚，但没什么学问，不过倒是能安定我刘氏天下。”吕后随后又问：“还有谁呢？”刘邦长叹一声：“这个我也不知道了。”此刻，刘邦感到的不是光荣，而是落寞了，那些兄弟们陪自己一路走来，但当自己现在站在光荣的顶峰时，身边却一个人也没有，只有自己了。

刘邦从沛县挑选出一百二十名孩子，将自己写的大风歌教给他们传唱，刘邦自己也一边高歌，一边起舞，当悲从心中起时，还不禁流下热泪，他告诉沛县百姓：“我在得了沛公名位后才起兵反抗暴秦的，以后沛县就是我刘邦斋戒沐浴的地方，沛县所有百姓世世代代免赋税。”百姓们叩首感谢，后有人祈求刘邦：“请陛下也免除丰邑县的赋税吧，那里是陛下生长的地方。”刘邦说：“那里固然也是我的故乡，但是当初雍齿在丰邑背叛我，我永远不会忘记。”百姓再三请求刘邦，刘邦还是免了丰邑的赋税。

在沛县逗留十几天后，刘邦终于班师回朝，全县百姓前来送别，整个沛县成了一座空城，百姓一直送到十里外，才不舍地离开。

一代帝王陨落

刘邦在亲征英布时，已达六十岁高龄，岁月不饶人，更何况，刘邦本就不是骁勇善战的人，在两军对战时，他不幸被乱箭射中，新疾旧患，让刘邦一病不起。

回到长安后，吕后便为刘邦找来太医。

太医很肯定地说："只要悉心调养，皇上这病能治。"这本是一个好消息才对，可诡异之事发生了，刘邦怒了，骂了一通太医后，给了他些赏赐就打发走了，不进行治疗。

这件事一直被后人奇怪，其实这件事的答案，就在刘邦骂太医的那句话中，原文是这样的："吾以布衣提三尺剑取天下，此非天命乎？命乃在天，虽扁鹊何益！"

总的意思就是一句话：我命在天，不是人能左右的！

刘邦打发走了太医，随后，又令身边的一众人都退下，最后，整个长乐宫里只剩下了自己。刘邦知道自己大限将至了，一时间，他想到了楚汉争霸、登基称帝的种种，发现原来一切都是过眼云烟，只有自己当初在沛县饮酒作乐的日

子，那才是真的长乐，就如同这座宫殿的名字。

就这样，在那些美好的回忆中，刘邦缓缓地闭上了眼，结束了他叱咤风云的一生。

刘邦去世后，刘盈即位为帝，吕雉独掌大权。对于刘邦原来宠幸的妃嫔，吕雉多只进行常规处理，如有子者，与其子就国为诸侯王太后。独有戚夫人，因其曾几欲夺孝惠帝刘盈太子之位，吕雉坚决不放过。

再说吕雉对曹夫人的儿子刘肥。孝惠二年（公元前193），楚元王刘交、齐悼惠王刘肥都来京朝见。十月，刘盈与刘肥在吕雉面前设宴饮酒，刘盈因刘肥是自己的兄长，就按照家人礼节，让他坐在上首。吕雉动怒，就命人倒了两杯鸩酒，摆在面前，让刘肥起身为她祝酒。刘肥站起来，刘盈也跟着站起来，拿起酒杯，想一起向吕雉祝酒。吕雉这才惊恐，赶紧起身打翻刘盈手上的酒杯。刘肥觉得奇怪，不敢喝这杯酒，装醉离去。后来问别人，才知道那是鸩酒。刘肥很害怕，自以为不能从长安脱身。齐国内史士向刘肥建议说："太后只生有孝惠皇帝和鲁元公主。现在齐王你拥有七十多座城，而鲁元公主只有几座食邑。如果您能够把一个郡献给太后，作为公主的汤沐邑，太后必定很高兴，您也就无忧无虑了。"于是刘肥献出城阳郡，并尊公主为王，太后吕雉十分高兴，并赞许刘肥，

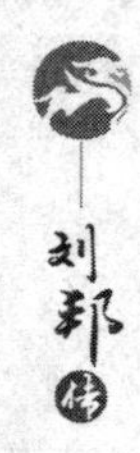

就在刘肥的府邸摆酒宴，欢宴后，让刘肥回到封地。

孝惠四年（公元前192年），吕雉立鲁元公主女张氏为皇后。时年张氏仅13岁，且为刘盈的亲外甥女，刘盈虽然对此极为不满，但也无可奈何。

孝惠四年（公元前191年）三月，吕雉下令废除挟书律，此法本为秦始皇焚书坑儒时制定的恶法。吕雉下令废止此律，亦下令鼓励民间藏书、献书，恢复旧典。

吕雉从孝惠三年（公元前192年）开始命人修筑长安城，到孝惠六年（公元前189年），工程全部竣工。各地诸侯来会，十月入朝庆贺。

吕雉为了强化自己的统治，在采取“无为而治”，巩固西汉政权的同时，首先打击诸侯王和政治上的反对派，重用其宠臣审食其。然后布置党羽，大封诸吕及所爱后宫美人之子为王侯。随后杀掉赵王刘友和梁王刘恢。右丞相王陵坚决反对封诸吕为王的政策，坚持高祖与大臣的盟约，“非刘氏而王，天下共击之。”吕雉不高兴，就让他担任皇帝的太傅，夺了他的丞相职权。王陵只得告病回家。然后又让审食其为左丞相，居中用事。陈平、周勃虽然不服，也只好顺从。审食其不处理左丞相职权范围内的事情，专门监督管理宫中的事务，像个郎中令，吕雉常与他决断大事，公卿大臣处理事务都要通过审食其才能决定。吕后这些做法

遭到刘氏宗室和大臣的激烈反对。

高后八年（公元前180年），吕雉病重，她临终前仍没有忘记巩固吕氏天下。在她病危之时，下令任命侄子赵王吕禄为上将军，统领北军；吕产统领南军。并且告诫他们："高帝平定天下以后，与大臣订立盟约：'不是刘氏宗族称王的，天下共诛之。'现在吕氏称王，刘氏和大臣愤愤不平，我很快就死了，皇帝年轻，大臣们可能发生兵变。所以你们要牢牢掌握军队，守卫宫殿，千万不要离开皇宫为我送葬，不要被人扼制。"

八月一日，吕雉病死，终年六十二岁，与汉高祖合葬长陵。

吕后一死，周勃、陈平等老臣辅佐刘邦的第四子刘恒为皇帝，也就是历史上著名的汉文帝，汉文帝刘恒继续实行休养生息的政策，恢复西汉经济，开创了"文景之治"，如此，西汉才开始一步步走向正轨。

参考文献

[1]朱永嘉.刘邦与项羽[M].西安：陕西人民出版社，2020.

[2]王立群.大风起兮云飞扬：汉高祖刘邦[M].郑州：大象出版社，2019.

[3]陈文德.刘邦大传：以弱胜强[M].上海：华东师范大学出版社，2016.

[4]宫城谷昌光.刘邦[M].上海：上海文艺出版社，2020.